Austin Osman Spare

Das Buch der ekstatischen Freude

(SELBST-LIEBE)

Die Psychologie der Ekstase

mit einem Vorwort von
Marcus M. Jungkurth

Erstausgabe 1929

Satz: KC-Verlag mit KOMA-Script und LaTeX.
Herstellung: Books on Demand GmbH, Norderstedt

ISBN 978-3-89423-097-5

Inhaltsverzeichnis

Abbildungsverzeichnis

Zos Kia, Grüßend lächeln Götter und Fremde

von Marcus M. Jungkurth

Das vorliegende Buch, im Originaltitel »The Book of Pleasure (Self-Love)« (1909 - 1913) ist das erste jener vier Bücher, die nicht nur Bildmaterial enthalten, sondern auch brisante, philosophische wie praxisorientierte Texte, in denen er auf das Magische System eingeht, das er selbst entwickelt und als *»Symbolische Zauberei«* bezeichnet hat. Spare legt hierin seine einzigartige Methode vor, um die unbewußten Energien, die in tief entlegenen Teilen des menschlichen Geistes in Gestalt urzeitlicher Atavismen schlummern, kontrollieren und lenken zu lernen. Er schickte ein Exemplar dieses Werkes an Sigmund Freud, der es als eine der bedeutendsten Offenbarungen über unbewußte Mechanismen der modernen Zeit würdigte. Als nächste Werke dieser Serie folgen »The Focus of Life« (1918 - 1921) und »The Anathema of Zos« (1924), schließlich »The Book of the Living Word of Zos« (1951 - 1956), eine Sammlung von Aphorismen und magischen Formeln, die nach ihrer Vollendung in Spares Todesjahr noch nie vollständig veröffentlicht worden ist (1)[1].

Mit neunzehn Jahren bereits veröffentlicht er nach einem regulären Kunststudium am Royal College of Art in Kennington sein erstes Buch »Earth Inferno« (1905), das eine größere Sammlung seiner Zeichnungen und einige Aphorismen beinhaltet, in denen er die »Hölle des Normalen« geißelt, das Banale, Langweilige und Gewöhnliche verdammt und die Enthüllung einer »unbekannten Welt« verkündet. Das nachfolgende Werk »The Book of Satyrs«

1 Die Zahlen in Klammern beziehen sich auf das Literaturverzeichnis (S.107).

(1907) besteht ausschließlich aus Zeichnungen, und erst im vorliegenden Buch beginnt Spare mit der Darlegung seiner Magie, deren Thematik er programmatis ch in der folgenden Erklärung, dem »Glaubensbekenntnis von Zos vel Thanatos«, (6) definiert:

»Ich glaube an das Fleisch, »für jetzt« und für immer ... denn ich bin das Licht, die Wahrheit, das Gesetz, der Weg, und niemand soll zu irgendetwas kommen denn durch sein Fleisch.

Habe ich euch nicht den eklektischen Weg zwischen den Ekstasen gezeigt, den ungewissen, seiltänzerischen Weg ...?

Aber ihr hattet keinen Mut, wart müde und hattet Furcht. ERWACHT ALSO! Dehypnotisiert euch von der ärmlichen Wirklichkeit, an die ihr glaubt und mit der ihr euch belügt. Denn der große Höhepunkt ist gekommen, die große Glocke ist geschlagen... Laßt die anderen der unfreiwilligen Opferung harren, der erzwungenen Erlösung, die so vielen Abtrünnigen gewiß ist. Nun, an diesem Tag bitte ich euch, eure Erinnerungen zu durchforsten, denn große Vereinigungen stehen bevor. Der Meister aller Erinnerung ist die Seele. Leben ist Begehren, Tod ist Reformation... Ich bin die Wiederauferstehung... Ich, der ich Ekstase durch Ekstase transzendiert habe, indem ich über das Muß Nicht Sein in Selbst-Liebe meditiert habe...«

Sein System ist mit den gewöhnlichen magischen Kategorien so gut wie nicht zu erfassen, es beinhaltet Elemente der traditionellen Hexentradition, des Voodoo und Schamanismus ebenso wie psychologische Praktiken wie Selbst-Hypnose und Trance-Induzierung, und so gleicht diese Magie dem von Spare angestrebten Bewußtseinszustand des »Inbetween« - des Raumes und der Zeit zwischen allen Kategorien - der von H.P. Duerr (2) in seinem gleichnamigen Werk als »Traumzeit« bezeichnet wird. In einer unveröffentlichten Schrift schreibt Spare: »Die Zauberei ist ein bewußter Akt zur Erzeugung von Metamorphosen durch die Verwendung von Elementalen. Sie schmiedet ein Bindeglied mit den Kräften der mittleren Natur oder des Äthers, den Astralformen großer Bäume und Tiere jeder Art. Der Wille ist unser Medium, der Glaube das Vehikel, und das Verlangen ist die Kraft, die uns mit dem Elemental verbindet...« (5)

Von K. Grant (1) nun wird angeführt, Spare sei mit dem magischen Motto Yihoveaum um 1910 Mitglied von A. Crowleys A.·.A.·.

gewesen, vermutlich aber hat er den Orden nach kurzer Zeit wieder verlassen, was nicht verwunderlich ist, wenn man sich Spares Einstellung zu allem Zeremoniellen und aller formalen Magie vergegenwärtigt: »Andere wieder preisen die zeremonielle Magie, und man glaubt, sie erführen große Ekstase! Unsere Irrenhäuser sind überfüllt, die Bühne überlaufen! Geschieht es durch das Symbolisieren, daß wir das Symbolisierte werden? ... Diese Magier, deren Sicherheit aus ihrer Unaufrichtigkeit besteht, sind nichts als die arbeitslosen Gecken der Freudenhäuser ... Daher erkenne die Scharlatane an ihrer Vorliebe für prachtvolle Roben, Zeremonie, Ritual, magische Zurückgezogenheiten, absurde Vorbedingungen und weitere Unsinnigkeiten, zu zahlreich, um sie aufzählen zu können.« Crowleys Begeisterung- für Spare und sein Werk ist schnell gewissen Schwankungen unterworfen, wie das bezüglich der ihn umgebenden Personen meistens der Fall gewesen ist, und zwei Jahre vor seinem Tod vertritt er im Beisein von K. Grant (1) die Ansicht, Spare sei durch seine Lehre der Selbst-Liebe zu einem Schwarzen Bruder geworden ... Spare hat das bestimmt wenig gestört, er hat indes vier Jahre nach dessen Tod ein 'posthumes' Portrait von Crowley (1951) angefertigt und früher schon zu dessen zehnbändigem Werk »The Equinox« (3) einige Zeichnungen beigesteuert.

Spares magischer Werdegang beginnt gewissermaßen schon in seinem siebten Lebensjahr, als er die bereits sehr betagte Mrs. Paterson kennenlernt, die seinem Leben eine entscheidende Wendung geben soll und ihm wie eine zweite Mutter ist. Sie gehört, beansprucht sie, einem überlebenden Zweig der Hexentradition von Salem (New England) an, den auszurotten Cotton Mathers wohl nicht gelungen war. Mrs. Paterson nun, Spare zufolge eine Analphabetin mit äußerst begrenztem Wortschatz, besitzt die äußerst seltene Gabe, Ideen oder Gedanken zu sichtbarer und bisweilen berührbarer Erscheinung zu beleben, also Gedanken komplexen Inhalts in Form eines Bildes nach außen zu projizieren. Diese Fähigkeit setzt sie des öfteren bei ihrer Tätigkeit als Wahrsagerin ein - die gesehenen Dinge sollen sich übrigens ausnahmslos und genau wie vorausgesagt eingestellt haben - um zum Beispiel im Geist empfangene Bilder, waren diese wegen ihrer Vielschichtigkeit unmöglich vollständig zu beschreiben, mit allen Implikationen als Ganzes präsentieren zu können. Durch sie wird Spares Interesse am Okkulten geweckt, und sie vermittelt ihm das Verständnis für die subtilen Kräfte der Natur, die er dann in der Folge beispielsweise in Form von Wetterzaubern zu lenken lernt (4). Mrs. Paterson beherrscht ferner das Geheimnis der Transformation und kann sich zu gewissen Anlässen in eine junge Frau von außerordentlicher Schönheit verwandeln, was dessen Zeugnis zufolge in Spares Gegenwart mehrmals geschehen ist, aber dieses Geheimnis hat sie ihm, bedauert er, nie offenbart. Diese Thematik jedoch, die Transmutation des Alten und Häßlichen in die blühende, jugendliche Schönheit, zieht sich wie ein Leitfaden durch sein gesamtes Werk. In diesem Zusammenhang vermittelt sie ihm auch den Schlüssel für den Zugang zum Hexensabbat, jener astralen Zusammenkunft für die Erweckung von Ekstase und Kraftzuwachs (4), die auf so groteske Weise durch die Hexenprozesse und deren Verballhornungen populär geworden ist.

Über den Sabbat selbst sagt Spare, er sei immer geheim und finde periodisch statt, wobei der Hauptzweck die rituelle Vereinigung für unbegrenzte Wunscherfüllung sei: »Die Hyper-Erotik, induziert durch diese breitflächig angelegte Hysterie oder Saturnalie, hat keine grundlegend sado-masochistische Basis. Durch Stimulation kann und wird dies oft ersetzt. Vor der Zeremonie spielt jeder Teilnehmer die ihr oder ihm zugewiesene Rolle, was sich dann gewöhnlich zu einer ungezügelten Promiskuität entwickelt. Die Initiierten sind für ihre Rolle individuell ausgebildet; sie übernehmen den passiven Part, während die Hexen den aktiven Teil darstellen; von da die symbolische Levitation auf dem Besenstiel.

Es gibt einen geheimen Treffpunkt und eine ausgefeilte Zeremonie, die in der Erschöpfung einen hypnotischen Zustand auslöst, um alle psychologischen Widerstände zu brechen; so werden die Sinne des Geruchs, Hörens und Sehens durch Weihrauch, mantrische Inkantation und Ritual verführt und durch die Stimuli des Weins und oralen sexuellen Akts sensitiver gemacht. Nach der vollkommenen sexuellen Sättigung mit Hilfe jedes vorstellbaren Mittels wird die Gemütsverfassung zu einer veräußerlichten Halluzination des jeweiligen Wunsches, der in seiner Verwirklichung magisch ist. Niemand vermag zu sagen, ob gewisse Dinge geschehen oder nicht; jeder einzelne mag verschiedene und gleichermaßen lebendige Erfahrungen machen; aber eine Art von Levitation scheint allen gemeinsam zu sein. Meine eigene Erfahrung auf dem vielfach erlebten Sabbat ist, daß eine vollbrachte Veräußerlichung (latenter Kräfte) stattfindet, und daß die späteren Erinnerungen wirklich sind.

Alle exzessiv sadistischen Akte werden von den Hexen hauptsächlich auf symbolische Weise vollzogen, und welche Stimulation da stattfindet, folgt genau den Mustern aller erotischen Liebesriten. Die ganze Zeremonie basiert im wesentlichen auf einer Umkehr orthodoxer religiöser Gottesdienste.« (5) In jener anderen Dimension des Sabbats wird Spare alsdann vermittelt, wie er mit Hilfe der »empfindungsfähigen Symbole« (*sentient symbols*) und des in diesem Buch beschriebenen »Alphabetes des Wünschens« (*Alphabet of Desire*) das Unbewußte erforschen kann. Diese Techniken werden von Spare im Laufe vieler Jahre in seine schöpferische Kunst integriert und zu seinem eigenen magischen System ausgebaut.

Im vorliegenden Werk nun geht Spare zum ersten Mal auf jenes Erforschen der Regionen des Unbewußten ein, wobei man sich immer vergegenwärtigen muß, daß Spare jeglichen Formalismus und jede Doktrin ablehnt, es bedarf keines Glaubensbekenntnisses und keiner erstarrten Religiosität, das System ist bewußt ein rein praktisches und muß von jedem Praktizierenden auf die eigene Persönlichkeitsstruktur und Kapazität zugeschnitten werden. Eindringlich warnt er beispielsweise davor, seine vorgefertigten oder von sonstwo übernommenen Sigillen zu verwenden, will man nicht »die Mutter des Wahnsinns« heraufbeschwören, oder »das, was immer geschieht - nämlich genau gar nichts« (in diesem Band).

Das Prinzip beruht darauf, daß das Unbewußte die Gesamtheit aller vergangenen, gegenwärtigen und zukünftigen Erfahrung in symbolischer Form beinhaltet. Das Unbewußte kann, ähnlich einer Landkarte, in Gestalt vieler Schichten schematisch visualisiert werden. Die oberste entspräche dem Menschen, darunter der Affe, dann das Reptil und so fort, bis schließlich über den Anfang der Evolution hinaus, oder besser zurück, die Schichten erreicht werden, die der uranfänglichen Leere, dem ungeordneten Chaos entsprechen.

Eines der Hauptthemen des »Book of Pleasure« ist somit das Erlangen der Kontrolle über jene unbewußten Energien, die in Form von vorzeitlichen Atavismen[2] in unserem Unbewußten schlummern, und deren am weitesten entfernt liegende Schicht die »Ursprüngliche Einfachheit« ist, jener Zustand, in welchem die hemmende und versklavende Dualität und Begrifflichkeit noch gar nicht existiert, aus dem heraus alles möglich ist und manifestiert werden kann: »... gehe zurück bis zu dem Punkt, wo das Wissen aufhört.« Durch ein immer weiteres Zurückgehen durch alle Schichten des Unbewußten hindurch, die, wie gesagt, den frühen Seins- und Lebensformen entsprechen, läßt sich der Urgrund dieser Energie aufspüren, so daß diese schließlich für schöpferische aber auch zerstörerische Zwecke kanalisiert und gerichtet werden kann, um Veränderungen der persönlichen wie äußeren Wirklichkeit zu erreichen. Um die magischen Eigenschaften und das Wissen dieser Schichten zu erlangen, ist eine bewußt herbeigeführte, zeitweilige Besessenheit oder Erleuchtung durch diese vergangenen Existenzen, die Spare auch »Karmas« nennt, vonnöten. Nachdem diese quasi symbolische Erleuchtung stattgefunden hat, muß sie für eine Nutzbarmachung aus dem Abstrakten zurückübersetzt werden, um für den menschlichen Geist verständlich zu sein.

Für diesen Prozeß muß nun eine Art Trick angewendet werden, um die Barrieren des Ego zu umgehen, den 'Zensor', der darüber wacht, daß diese unbewußten Schichten, zu denen das Bewußtsein unter normalen Umständen keinerlei Zugang hat, unberührt bleiben. Dies geschieht mit Hilfe der Sigille, die dem jeweiligen Wunsch eine für das Bewußtsein nicht lesbare Form geben, und des »Heiligen Alphabetes«, wobei hier »ein jeder Buchstabe in seinem bildlichen Aspekt ein bestimmtes Prinzip der Sexualität repräsentiert« (vgl. das vorletzte Kapitel) und über die Macht verfügt, die tiefliegenden atavistischen Schichten der Psyche zu erwecken und vor allem zu beleben. Das Alphabet bildet eine Art subtiler Sprache, deren Elemente weder gelehrt noch mit unserer diskursiven Sprache rational erklärt werden können: »Nichts ist einfacher, als zu deinem innersten Selbst zu sprechen, und nichts ist schwieriger. Die erste Bedingung ist Geheimhaltung, Schweigen und Ein-

2 Vgl. das Kap. »Die Wiederbelebung der Atavismen« in »Zos Kia« (4).

samkeit. Dann, ein Mittel zur Kommunikation. Ich schuf mir mein eigenes Alphabet und meine eigene Sprache, basierend auf der ursprünglichen Onomatopöie[3] der Sprache, die jetzt eine unbewußte Eigenschaft ist und sich nur durch extreme Emotionalität ausdrückt ... In der Tat, die aktiven Bindeglieder zwischen allen gedanklichen Bildern sind innerlich hörbar ... Die Seele antwortet *nur* der Basis-Sprache. Schließlich muß eine Schwerelosigkeit des Leibes und des Bewußtseins erreicht werden, das Gemüt von allem Erfaßbaren gereinigt sein - nur von dem Gewünschten nicht.« (1)

Vermöge gewisser Trancetechniken, um das Gemüt zu beruhigen und im magischen Augenblick - Orgasmus, Schmerz, Krankheit, eine überwältigende Enttäuschung, eine alles überflutende Energie - eine vollkommene Leere zu erzeugen (vgl. die Kapitel über die »Todesstellung«), wird ein solches Symbol unter Umgehung des Bewußtseins in das Unbewußte gewissermaßen eingepflanzt, dann vergessen, und entfaltet in diesem Zustand des Vergessens seine unmittelbare Wirkung. Jedes bewußte Wünschen oder Verlangen, so Spare, ist wirkungslos, da es von den Barrieren des Egos sofort abgefangen und ausgefiltert wird: » ... es sei denn, der Wunsch ist ein unbewußter, wird er nicht erfüllt.«

Immer mehr in den Brennpunkt seines Systems rückt schließlich die Theorie oder Formel des »Neither-Neither«, ein schwer übersetzbarer englischer Ausdruck, der vielleicht mit »weder das eine - noch das andere« wiedergegeben werden könnte. Kurz vor Spares Tod erwähnt er in einem Brief an K. Grant (1), er habe eine mathematische Formel entdeckt, die die Richtigkeit seiner Theorie beweise; leider ist sie meines Wissens in seinem Nachlaß nie gefunden worden. Dieses »Neither-Neither« erinnert stark an H.P. Lovecrafts Konzept der »nicht definierbaren Winkel dazwischen« (vgl. »Träume im Hexenhaus« (7) u.a.), wobei diese - in Lovecrafts horriblen, aus seinen Träumen geborenen Visionen von »unaussprechlichen und unvorstellbaren Kreaturen bewohnt« - nicht dem euklidischen Raum entsprechen, sondern einer fremdartigen Geometrie angehören, die den menschlichen Geist vermöge der Wahrnehmung in eine suchterzeugende Faszination und gleichzeitige

3 Laut- und Schallnachahmung, auch Wortbildung bei Kindern durch das Nachahmen des Klangbildes.

Transformierbarkeit versetzen. Wie dem auch sei, Spare geht es darum, den menschlichen Geist durch das Zurückgehen auf der Skala der Evolution in einen Zustand zu versetzen, in welchem dieser frei von Dualität, Gesetzmäßigkeit, Glaube oder Notwendigkeit ist, somit ein unbegrenztes schöpferisches Potential aufweist. Das befreite Ego wird nun zum »Atmosphärischen Ich«, das bereit ist, sich mit dem Absoluten zu vereinen, und in dieser Vereinigung im form- und eigenschaftslosen Ursprung allen Seins ist die Verwirklichung jeder Transformation (des Bewußtseins, etc.) möglich, wird jeder Wunsch erfüllt, jedes Verlangen gestillt.

Um den Prozeß der Belebung solcher Sigille oder Symbole effektiv zu machen, verwendet Spare gewisse sexualmagische Techniken, die ihm durch automatisches Schreiben von einer delphischen Pythia übermittelt worden sind, wobei hier die alte Formel der »griechischen Urne« (*The Greek Urnings*) von besonderem Interesse ist. In früheren Zeiten hat Spare, so erklärt er mit einem Zwinkern, »lediglich mit der Atmosphäre kopuliert, oder Huren, Hexen und Hündinnen aller Art geritten, darunter wenige Jungfrauen« (5). Diese Formel nun besagt, daß man sich zuerst ein Tongefäß herstellt, das der Form des erigierten Penis genau entspricht, wobei am Ende des Gefäßes gerade genug Platz bleiben muß, um mit dem Einführen des Penis eine Art Vakuum zu erzeugen. In diese Höhlung wird das Sigil plaziert und mit dem Orgasmus augenblicklich belebt. Durch die Beschaffenheit der Urne entsteht eine Art Ziehen nach innen, durch das sich der Penis immer weiter vergrößert, was schließlich zu einem ausgedehnten und äußerst intensiven Orgasmus führt. Im kritischen Augenblick darf ausschließlich der visualisierte Wunsch im Gemüt sein und muß so lange als möglich dort gehalten werden. Mit dem Verschwimmen und schließlichen Verschwinden des mentalen Bildes wird die Urne versiegelt und in der Erde - oder wenigstens in einem mit Erde gefüllten Behältnis - vergraben. In einer nicht veröffentlichten Schrift gibt Spare die folgenden zusätzlichen Anweisungen: »Vergrabe die Urne zur Mitternacht, wenn der Mond viertelvoll ist. Wenn der Mond abnimmt, grabe die Urne wieder aus und - während du eine passende Inkantation wiederholst - gieße ihren Inhalt als ein Trankopfer auf die Erde aus. Dann vergrabe sie erneut.« (5) Für den Fall, daß das

Sperma bereits vertrocknet ist, kann man zuvor den ersten Vorgang noch einmal wiederholen. Spare hält diese Formel für die effektivste schlechthin: »... sie versagt nie und ist gefährlich. Deshalb muß das, was nicht niedergeschrieben ist, erraten werden. Von dieser Formel entstammt die Legende um die Genii aus dem Kupferkessel, die Solomon zugeschrieben wird.«(5)

Spare betitelt sein System, das zum großen Teil auf der Arbeit mit den auf solche Weise erschaffenen Elementalen beruht, als »Zos Kia Cultus«, wobei er ersteres im vorliegenden Buch definiert, »den Körper betrachtet als ein Ganzes nenne ich Zos«, und Kia bezeichnet das »Atmosphärische Ich« in seiner grenzenlosen, nicht bedingten, nicht dualistischen Freiheit. K. Grant (6) zitiert hierzu das folgende Manifesto:

»Unser Heiliges Buch:
Das Buch der lustvollen Sinnlichkeit
Unser Pfad:
Der eklektische Pfad zwischen den Ekstasen; der unsichere, seiltänzerische Weg
Unsere Gottheit:
Die All-Vermögende Frau.
('Und ich irrte mit ihr umher, hinein in den direkten Weg.')
Unser Glaubensbekenntnis:
Das Lebendige Fleisch (Zos).
Unser Heiligtum:
Die Heiligen Konzepte des Inbetween.
Unser Wort:
Macht Nichts - Muß Nicht Sein.
Unsere Ewige Wohnstatt:
Der mystische Zustand des Neither-Neither; Das Atmosphärische Ich.
Unser Gesetz:
Alle Gesetze zu überschreiten.«

Um den mystischen Zustand des Neither-Neither zu erreichen, entwickelt Spare sodann das Konzept der »Todesstellung«, die er definiert als »eine Simulation des Todes durch völlige Negation des Denkens, d.h. durch das Fernhalten des Wunsches vom Glauben und durch das Wirken von allem Bewußtsein durch die Sexualität

... Durch die Todesstellung ist es dem Leib gestattet, sich spontan zu manifestieren ... Nur er, der sich seiner Handlungen nicht bewußt ist, hat den Mut jenseits von Gut und Böse: und ist rein in seiner Weisheit des gesunden Schlafs.« (8) Um die Todesstellung erfolgreich verwirklichen zu können, müssen die unbewußten Schichten *erinnert* sein, in denen das Wissen aufhört und die Sexualität das Gesetz ist. Dies bedeutet, daß es gilt, die Schichten des reinen Instinktes zu erforschen. In der sechsten Formel von Zos (1) finden sich dazu praktische Hinweise:

»Die Kräfte des Visualisierens, Selbst-Disziplin und Konzentration sind die erforderlichen Qualitäten. Alle magische Praxis, um effektiv zu sein, bedarf großen Mutes.

Vermöge dieser Stellung findet eine totale Verlagerung des Bewußtseins in das Sex-Zentrum statt, wodurch die reine Aesthetik und die Erschaffung einer neuen Sexualität durch das autotelische Konzept hervorgerufen wird: die nachfolgende Ekstase ist eine Sublimation. Weil alle anderen Sinne durch sexuelle Berauschung auf den Nullpunkt gebracht werden, heißt sie Todesstellung. Alles ist gegenüber dem Akt *a priori*. Die *a posteriori* Erleuchtungen offenbaren die intersexuelle Übereinstimmung aller Dinge, und ein mächtiger Gefühlsausbruch findet statt.

Nur er, der die Todesstellung verwirklicht hat, kann diese Neue Sexualität begreifen, und ihre Allmächtige Liebe in ihrer Erfüllung.

Die Erzeugerin von sich selbst und allen Dingen, aber keinem gleich, so verkörpert diese Sexualität in ihrer frühzeitlichen Einfachheit das Ewige. Die Zeit hat sie nicht verändert, von da nenne ich sie neu.« Geboren wird die neue Sexualität unmittelbar dann, wenn der Geist, das »Atmosphärische Ich«, und das Kia eins geworden sind.

Abschließend verbleibt mir nur noch, dem Leser zu wünschen, er möge sich das Buch auf die Weise zu Gemüte ziehen, die Spares grundlegender Lebenshaltung entspricht: »Ich liebe das grüßende Lächeln von Götter und Fremden - man weiß nie, was es bedeutet«, und falls einem das nicht möglich erscheint, hat Spare noch einen abschließenden Rat parat: »Wenn du dieses ursprüngliche Schriftstück der Magie nicht verstehen kannst - verschlucke das ganze verdammte Buch: Dann wirst du erstaunliche Ergebnisse erzielen!«

Definitionen

Die Worte Gott, Religionen, Glaube, Moral, Frau etc. (da sie Formen des Glaubens sind) werden gebraucht, um verschiedene »Werkzeuge[4]« für die Kontrolle und den Ausdruck von sinnlichem Verlangen wiederzugeben: ein geistiges Bild von der Einheit vermöge von Furcht in der einen oder anderen Form, das zwangsläufig Knechtschaft begründet - die vorgestellten Grenzen; erweitert durch die Wissenschaft, die unserem Wachstum in die Höhe einen teuer bezahlten Zentimeter hinzufügt: nicht mehr.

Kia: Die absolute Freiheit, die freigesetzt mächtig genug ist, um »Wirklichkeit« zu sein und frei zu jeder Zeit: weshalb sie in geistigen Bildern der Freiheit oder vermöge von »Werkzeug« weder einflußreich ist noch sich manifestiert (außer als unmittelbare Möglichkeit), sondern nur durch das Ego, welches frei ist, sie zu empfangen, indem das Ego frei von Vorstellungen von ihr ist, und durch Nicht-Glauben. Je weniger darüber gesagt wird (Kia), desto weniger obskur ist es. Bedenket, Evolution lehrt mit Hilfe von schrecklichen Bestrafungen - dieses Konzept ist die endgültige Wirklichkeit, aber nicht die endgültige Befreiung von der Evolution.

Tugend: Reine Kunst

Laster: Furcht, Glaube, Vertrauen, Kontrolle und dergleichen.

Selbst-Liebe: Ein mentaler Zustand, eine Stimmung oder Seinsform, verursacht durch die Empfindung des Lachens, das zum Prinzip wird, welches dem Ego das Begreifen oder die alles umfassende Gedankenverbindung gestattet, indem dieser Zustand das Inbegriffene vor dem Begriffenen zuläßt.

4 Engl. "Means", im folgenden immer mit »Werkzeug« wiedergegeben. Das Wort bedeutet ferner (Hilfs-)Mittel oder auch Weg.

Erschöpfung: Jener Zustand der Leere, erreicht durch das Erschöpfen eines Wunsches oder durch irgendein Mittel der Zerstreuung, wenn die Stimmung gerade dem Wesen des Wunsches entspricht; d.h. wenn das Gemüt wegen der Nicht-Erfüllung eines solchen Wunsches besorgt ist und nach Erlösung trachtet. Indem man diese Stimmung aufgibt und lebt, ist die resultierende Leere empfänglich für die subtile Suggestion des Sigils.

Abb. 1: DIE TODESSTELLUNG

Verschiedene Religionen und Doktrinen als Werkzeug für Sinnliches Vergnügen, Freiheit und Macht

Woran kann man denn glauben, wenn nicht an das Selbst? Und das Selbst ist die Negation der Vollständigkeit im Sinne von Wirklichkeit. Kein Mensch hat das Selbst jemals gesehen. Wir sind, was wir glauben, und was dies vermöge eines Prozesses von Zeit im Begriffsvermögen impliziert; Schöpfung wird verursacht durch diese Knechtschaft gegenüber dem Formelhaften.

Handlungen sind der Ausdruck von geistigen Bildern, in den Glauben eingebunden; da inhärent, sind sie obskur, ihr Wirken indirekt, leicht täuschen sie die Introspektion. Die Früchte der Handlung sind zwiefach, Himmel oder Hölle, ihre Einheit oder Nichtheit (Fegefeuer oder Indifferenz). Im Himmel existiert das sinnliche Verlangen nach Frauen, in der Hölle das äußerste Verlangen. Das Fegefeuer ist die hinausgezögerte Hoffnung, Indifferenz lediglich Enttäuschung, bis man sich wieder erholt hat. Dann wahrlich sind sie ein und dasselbe. Der nach lustvoller Sinnlichkeit strebende Weise, da er erkannt hat, daß dies »verschiedene Grade des Begehrens« sind und an sich niemals begehrenswert, gibt sowohl Tugend als auch Laster auf und wird ein Kiaist. Indem er auf dem Haifisch seines sinnlichen Verlangens reitet, überquert er den Ozean des dualistischen Prinzips und tritt in den Dienst der Selbst-Liebe.

* * * * * * * * * *

Religionen sind die Projektionen von Unzulänglichkeit, die geistigen Bilder von Furcht, die Scheinheiligkeit des Aberglaubens, jenes Paradox sei Wahrheit[5], wobei es sich dabei häufig nur die Ausschmückung von Schwachsinnigkeit handelt. Als eine Tugend mit der Idee dahinter, das Vergnügen auf billige Weise zu maximieren, nehmt ihr eure Sünden zurück und entschuldigt sie - nur zeremoniell geschieht dies, der Ausdruck der Marionette gegenüber der vorherrschenden Furcht. Ja! Was ihr verfügt habt in eurer Religiosität, ist eure eigene quälende Pein, so eingebildet sie auch sei! Diese Aussicht ist nicht angenehm; ihr selbst habt es so gewollt! Sie ist zu etwas Natürlichem geworden, und euer Leib ist entsprechend empfänglich.

* * * * * * * * * *

Manche preisen die Idee des Glaubens. Zu glauben, sie wären Götter (oder irgendetwas anderes), würde sie zu solchen machen - wo sie doch mit allem, was sie tun, beweisen, daß sie voll von Nicht-Glauben sind. Besser ist es, Unzulänglichkeit oder Unbedeutendheit einzugestehen, als diese durch Furcht zu verstärken; denn das Oberflächliche stellt zwar einen Schutz dar, ändert aber nicht das Wesentliche. Deshalb weiset das erstere um des letzteren willen zurück. Ihre Formel ist Täuschung, und sie werden getäuscht im Sinne einer Negation ihrer Absicht. Glaube ist Verleugnung oder die Metapher der Idiotie, von da versagt er immer. Um die Knechtschaft noch endgültiger zu machen, wird die Religion von den Herrschenden in die Hälse ihrer Sklaven gestopft, und dies gelingt immer; jene, die dem entkommen, sind wenige, was ihre Ehre umso größer macht. Wenn das Vertrauen versagt, dann wird das »Selbst« zu sich selbst gelangen. Andere weniger Törichte verwischen die Erinnerung, daß Gott ein Konzept ihrer selbst ist und im gleichen Grad dem Gesetz unterworfen. Also, dieses Trachten nach Glauben, ist es so außerordentlich wünschenswert? Was mich anbetrifft, so bin ich noch nie einem Menschen begegnet, der nicht bereits Gott wäre.

---

5 Daß Gott immer im Himmel sei, oder daß der Allmächtige auf unvorstellbare Weise seinen Plan emaniere oder seine Negation - begeht Selbstmord, etc.

Andere wiederum und solche, die über viel Wissen verfügen, können dir genau sagen was »Glaube« eigentlich sei, oder auf welche Weise an was zu glauben die Naturgesetze und den bereits existierenden Glauben schmähe. Sicherlich geschieht es nicht, indem man sagt »ich glaube«; diese Kunst ist schon lange verloren. Noch mehr unterworfen sind sie der Verwirrung und Ablenkung, sobald sie nur ihre Mäuler voller Argumente öffnen; ohne Macht und unglücklich, wenn sie nicht gerade ihre eigene Verwirrung verbreiten; um eine ihnen eigene Überzeugungskraft zu erlangen, müssen sie Dogma und Manierismus übernehmen, was jede Möglichkeit ausschließt... Vermöge der Erleuchtung ihres Wissens verkommen sie in der Vollendung. Haben wir sie nicht genau im Verhältnis zu ihren Auslegungen verwesen sehen? Wahrlich, der Mensch vermag nicht vermöge von Vertrauen oder Gewinn zu glauben, noch kann er sein Wissen erklären, es sei denn, es wäre aus einem neuen Gesetz geboren. Wenn wir alles sind, wozu dann die Notwendigkeit sich vorzustellen, wir seien es nicht?

Seid mystisch.

Andere glauben an das Gebet... haben denn nicht alle bereits gelernt, daß zu fragen heißt, abgewiesen zu werden? Laßt dies die Wurzel eures Evangeliums sein. Oh ihr, die ihr das Leben anderer Leute lebt! Es sei denn, Sehnsucht ist unbewußt, wird sie sich nicht erfüllen, nein, nicht in diesem Leben. Dann ist Schlaf wahrlich besser als Gebet. Schweigen ist verstecktes Verlangen, eine Form des »nicht Fragens«; dadurch bekommt die Frau viel vom Manne. Benutzt das Gebet (wenn ihr schon beten müßt) als ein Werkzeug für die Erschöpfung, und dadurch soll euer Verlangen gestillt werden.

Manche tun viel, um die Ähnlichkeit vieler Religionen aufzuzeigen; gewiß beweise ich damit die Möglichkeit einer grundlegenden Illusion, aber das erkennen sie niemals - von diesem Edikt sind sie selbst der Abglanz, denn wie sehr bereuen sie! Sie erleiden schlimmeren Konflikt als der Unerleuchtete. Womit sie ihre eigene Täuschung oder die Furcht, die sie Wahrheit nennen, identifizieren können. Nie sehen sie diese Ähnlichkeit und die Quintessenz der Religionen, ihre eigene Armut an Vorstellungskraft und der Religion Bemäntelung. Besser ist es, die grundlegenden Unterscheidungen der Religionen aufzuzeigen. Ebenso gut ist es, um die verschiedenen Werkzeuge zu wissen; ist es denn nicht ihre Absicht, zu täuschen und zu herrschen? Ganz gewiß also dürfen Gott und die Religionen keinen Platz im Erlangen des Überweltlichen haben.

Einige lobpreisen die sogenannte Wahrheit, geben ihr aber viele Behältnisse; im Vergessen um ihre Unabhängigkeit[6] beweisen sie ihre Bezogenheit und das Paradoxe, den Gesang über Erfahrung und Illusion. Das Paradoxe ist nicht »die Wahrheit«, sondern die Wahrheit, daß alles eine Zeit lang wahr sein kann. Was das Paradoxe und das darin Implizierte (»nicht notwendig«) ungültig macht, will ich zur Grundlage meiner Lehre machen. Laßt uns dies wohlüberlegt festlegen, »die Wahrheit« kann nicht geteilt werden. Die Selbst-Liebe allein kann nicht geleugnet werden und ist die Selbst-Liebe als solche, wenn paradox unter jeder Bedingung, von daher ist sie allein Wahrheit, ohne Accessoires vollständig.

Andere preisen die zeremonielle Magie, und man glaubt, sie erführen mächtige Ekstase— ! Unsere Irrenhäuser sind überfüllt, die Bühne überlaufen! Geschieht es durch das Symbolisieren, daß wir das Symbolisierte werden? Wenn ich selbst mich zum König krönte, wäre ich dann König? Eher wäre ich Gegenstand des Ekels oder Mitleids. Diese Magier, deren Falschheit die ihnen eigene Sicherheit darstellt, sind nichts als die arbeitslosen Gecken der Bordelle. Magie ist lediglich die eigene natürliche Gabe, anzuziehen ohne zu fragen; Zeremonie, was unberührt ist, ihre Lehre die Negation ihrer selbst. Ich kenne sie wohl und ihr Bekenntnis von Gelehrsamkeit, welches sie die Furcht vor ihrem eigenen Licht lehrt. Vampire, sie werden davon angezogen genau wie die Läuse. Ihre Praktiken sind der Beweis für ihre Unfähigkeit, sie haben keine Magie, um das Normale intensiver zu gestalten, die Freude eines Kindes oder einer gesunden Person zu erleben, keine, um ihr Vergnügen oder ihre Weisheit aus sich selbst heraufzubeschwören. Da ihre Methoden von einem Morast an Vorstellungskraft abhängen und einem Wirrwarr der Vorbedingungen, ihr Wissen mit weniger Anstand erlangt als die Hyäne ihre Nahrung, sage ich, sie sind noch weniger frei und erlangen nicht einmal die Befriedigung

---

6 D.h. der Wahrheit.

des geringsten unter den Tieren. Selbst verdammt in ihrer widerwärtigen Fettheit, ihrer Hohlheit an Macht, sogar ohne jede Magie des persönlichen Charmes oder der Schönheit, sind sie in ihrem schlechten Geschmack beleidigend und gieren hungernd nach Reklame. Die Befreiung der Energie wird nicht nur ihre Knechtschaft erlangt, große Macht nicht durch Auflösung. Ist es nicht, weil unsere Energie (oder unser Gemüts-Plunder) ganz und gar gebunden und geteilt ist, daß wir unfähig sind, um von magisch gar nicht erst zu sprechen?

Einige glauben, absolut jegliches Ding sei symbolisch und könne transkribiert werden und das Okkulte erklären, aber in welchem Sinne, das wissen sie nicht. (Große spirituelle Wahrheiten?) So diskutiere eine Metapher, indem du behutsam das Offensichtliche, das die verborgene Tugend entfaltet, durcheinanderbringst. Diese unnötige Korpulenz, wie eindrucksvoll auch immer, ist sie nicht ekelhaft? (Der Elefant ist außerordentlich groß, aber auch über alle Maßen kräftig; das Schwein, gleichwohl stinkend, löst keine Verachtung für unseren guten Geschmack aus.) Wenn ein Mann kein Held für seinen Diener ist, um wieviel weniger kann er dann in den Augen des Neugierigen als ein Mystiker durchgehen; Ähnlichkeit bildet Mimikri aus. Schmückt eure Ansicht aus, wie schmählich (als Tatsache) auch immer, nachdem ihr eure Aufrichtigkeit gezeigt habt. Die Wahrheit, obwohl einfach, benötigt nie den Beweis der Verwirrung um einer Verdunkelung willen; ihr eigener reiner Symbolismus umfaßt alle Möglichkeiten als ein mystischer- Plan. Nehmt euren Standpunkt nach gesundem Menschenverstand ein, und ihr schließt die Wahrheit, die nicht lügen kann, mit ein; keine Beweisführung hat bis jetzt bestanden. Das vollkommene Verhältnis schlägt keine Änderung vor, und was nutzlos ist, vergeht.

Sie lehnen den gesamten modernen Symbolismus[7] ab und sind sehr schnell an einer absurden Grenze angelangt. Da sie nicht mit Veränderung[8] und der (bisweilen) willkürlichen Natur des Symbo-

7 Alle Werkzeuge der Fortbewegung, Maschinen, Regierungen, Institutionen und alles grundlegend Moderne sind ein lebendiger Symbolismus der Werke unseres Verstands, etc.

8 Das den Römern bekannte Symbol der Gerechtigkeit ist nicht symbolisch für das Göttliche oder unsere Gerechtigkeit, zumindest nicht notwendigerweise oder üblicherweise. Die Lebenskraft ist nicht ganz genau wie Wasser - und wir sind auch

lismus oder der Möglichkeit einer eingemachten Torheit rechnen, indem sie das Überlieferte ohne eine Wissenschaft übernehmen, denn sie verfügen ja über Deutungen bis in die Gegenwart hinein, ist ihr Symbolismus wirr und bedeutungslos. Da sie die frühe Darstellung nicht kennen, projizieren sie erfolgreich ihre eigene Mittelmäßigkeit vermöge dieser Verwirrung, wenn sie die alten Symbole erklären. Kinder sind weiser. Dieses Konglomerat der verfallenen Vergangenheit, gesammelt mit krankhafter Gier - ist gewiß die Gelegenheit für den Gotteslohn? Vergeßt die plunderhaften Vorstellungen und begreift so die beste Überlieferung, indem ihr eure eigene Funktion und das Moderne vorurteilsfrei wahrnehmt. Einige preisen den Glauben an ein moralisch belehrendes Gesetzbuch, welches sie naturgemäß und kontinuierlich übertreten, und so ihre Absicht nie verwirklichen. Ist der rechte Lauf der Dinge gegeben, so sind sie in ihrer Herrschaft über sich selbst recht erfolgreich und sind jene Gesündesten, Vernünftigsten und Selbst-Gefälligsten. Man mag es die Negation meiner Lehre nennen, sie erlangen erträgliche Befriedigung, wohingegen die meine vollkommen ist.

Laßt ihn hier verweilen, der nicht stark ist für das große Werk. In Freiheit mag er verloren sein. Also befiedert eure Schwingen furchtlos, ihr Demütigen!

Andere meinen, Wissen allein sei ewigwährend, doch ist es die ewige Illusion des Lernens - das Edikt des Lernens, das wir bereits kennen. Unmittelbar fragen wir uns selbst, »wie« wir denn die Dummheit induzieren; was gäbe es ohne dieses Konzept, das wir nicht wissen und vollenden könnten? Andere sind für Konzentration, sie wird dich nicht befreien, da das Gemüt erkennt, daß das Gesetz Knechtschaft ist. Hier angekommen, wirst du Dekonzentration wollen. Loslösung von allen Ideen außer einer ist keine Erlösung, sondern vorgestellte Erfüllung, oder die Raserei der Schöpfung. Noch andere, alle Dinge seien Emanationen des Göttlichen Geistes gleich Strahlen von der Sonne, von da die Notwendigkeit der Befreiung? Wahrlich, Dinge sind zwingend durch die

---

keine Bäume: mehr uns selbst gleich, was gelegentlich auch irgendwo unwissende Bäume einschließen mag - was in unseren gegenwärtigen Werken äußerst offensichtlich ist.

bildliche Vorstellung und den Glauben daran. Also laßt uns die bildliche Vorstellung zerstören oder verändern und den Glauben entleeren.

Diese und viele andere Lehren werden von mir zu den Bewahrern von Sünde und Illusion erklärt. Weil ein und alles von einer schlammigen Implikation abhängt, die alles unverständlich macht, obwohl entstanden aus der Dualität unseres Bewußtseins zu dessen Freude. In Furcht, sie könnten heißes Blut kotzen, mußten sie sich die Früchte ihrer Handlungen und Vergnügungen ansehen. Indem sie so an außerordentlich unterschiedliche Lehren glauben, bestehen sie selbst aus jenem dualistischen Prinzip, und sind so notwendigerweise Parasiten für einander. Wie Drogen oder das Skalpell des Chirurgen, beseitigen oder entfernen sie bestenfalls ein Symptom. Die grundlegende Ursache (das Gesetz) verändern oder entfernen sie nicht. »Oh Gott, du bist die stagnierende Umwelt.« Alles ist Quacksalberei: diese Religionen, deren bloße Existenz von ihrem eigenen Versagen abhängt, sind so voller Elend und Konfusion, verfügen über nichts als zahlreiche Argumente, sind in dem Maße voll von Argumenten, wie sie von Übel sind, so überlaufen von Unwesentlichem, indem sie so unfruchtbar hinsichtlich jeglichem freien Vergnügen in diesem oder einem anderen Leben sind, kann ich ihre Lehren nicht für gut heißen. Ihr Kriterium für das Genießen - Tod! Besser wäre, ein Mensch entsagte ihnen allen und umarmte seine eigene unbesiegbare Absicht. Er kann nicht weitergehen, und dies ist seine einzige Erlösung. Durch sie mag er sein Vergnügen nehmen, wo er will, und Erfüllung finden.

Abb. 2: DIE TODESSTELLUNG: ZWEITE POSITION

Abb. 3: DAS OPHIDISCHE ORAKEL

Der Konsument der Religion

Kia, in seiner Transzendentalen und Erfaßbaren Manifestation

Eines Namens bedarf es nicht, um es zu kennzeichnen, nenne ich es Kia - ich beanspruche lieber nicht, es selbst zu sein. Das Kia, das vermöge von erfaßbaren Vorstellungen ausgedrückt werden kann, ist nicht das ewige Kia, das allen Glauben verbrennt - sondern ist der Archetyp des »Selbst«, der Knechtschaft der Sterblichkeit. Im Bestreben, »es« zu beschreiben, verfasse ich, was möglicherweise - nicht aber im gewöhnlichen Sinne - als »Buch der Lügen[9]« bezeichnet werden könnte. Das Unorthodoxe des Ursprünglichen - ein flüchtiger »Blick«, der irgendwie vermöge des Identischen vermittelt, daß sich die Wahrheit irgendwo befindet. Das Kia, das unbestimmt in Worten ausgedrückt werden kann, ist das »Neither-Neither[10]«, das unmodifizierte »Ich« in der Sinneswahrnehmung der Allgegenwart, die Erleuchtung, die symbolisch im heiligen Alphabet transkribiert ist, und dieses bin ich gerade im Begriff zu

9 Über dieses »Selbst«. [Nicht zu verwechseln mit A. Crowleys »The Book of Lies« - M.J.] Alles Begriffsvermögen ist das dualistische Prinzip, das Gesetz, welches dessen Bedingung ist.

10 Bezeichnet einen mystischen Zustand, der »weder das eine, noch das andere« beinhaltet, oder nichts von alledem. Bildet man aus These und Antithese eine Synthese (erstes »Neither«), so ist diese wiederum eine These zu einer Antithese (zweites »Neither«), und so fort, bis die nicht dualistische Leere erlangt ist, da keine Vorstellung, kein Bild, keine Begrifflichkeit mehr möglich ist. Vgl. das Beispiel im Kapitel über die »Todesstellung« und das Vorwort.

beschreiben. Seine Emanation entspricht seiner eigenen Intensität, nicht aber Zwangsläufigkeit, es hat immer existiert und wird es immer tun, die unberührte Größe - durch sein Überfließen haben wir das Sein erlangt. Wer kann schon sagen, wo, wie und auf welche Weise es worauf bezogen ist? Durch die Wehen der Zeit bewohnt der Zweifler seine eigene Grenze. Nicht auf etwas bezogen, sondern alle Dinge zulassend, entgleitet es jeder Begrifflichkeit, gleichwohl es die Quintessenz der Begrifflichkeit ist, da es die Sinnlichkeit in ihrer Bedeutung durchdringt. Dem Himmel und der Erde vorangehend in dem Aspekt, der diese transzendiert, nicht aber im Sinne einer Intelligenz, kann es als das uranfängliche sexuelle Prinzip aufgefaßt werden, als Inbegriff der lustvollen Sinnlichkeit in Selbst-Liebe. Nur er, der die Todesstellung verwirklicht hat, kann diese neue Sexualität begreifen, und ihre erfüllte allmächtige Liebe. Er, der immerfort dem Glauben versklavt ist, übervoll von Sehnsucht, hat sich mit eben dieser identifiziert und vermag nur ihre unzählbaren Verzweigungen in der Unzufriedenheit[11] zu sehen. Der Vorfahr ihrer selbst und aller Dinge, aber keinem gleich, so verkörpert diese Sexualität in ihrer frühen Einfachheit das Ewigwährende. Die Zeit hat sie nicht verändert, von da heiße ich sie neu. Dieses den Ahnen entstammende Sex-Prinzip und die Idee des Selbst sind ein und dasselbe, eben diese Gleichheit dessen Forderung und unendlichen Möglichkeiten, die frühe Dualität, das Mysterium der Mysterien, die Sphinx an den Toren aller Spiritualität. Alle faßbaren Ideen beginnen und enden als Licht in ihrer Empfindung, die Ekstase, die die Erschaffung des Inbegriffes des Selbst induziert. Die Idee ist die Einheit durch die Formel des Selbst, dessen notwendige Wirklichkeit ist gleichbedeutend mit Kontinuität, die Frage aller Dinge, dieses ganze sichtbare und unsichtbare Universum ist daraus hervorgekommen. Als die Einheit die Dualität begriff, da gebar sie die Trinität, gebar Tetragrammaton. Da Dua-

11 Das unmodifizierte Sex-Prinzip zurückgezogen durch das dualistische Prinzip emaniert die unendliche Vielfalt von Emotionen oder Formen von Sexualität, die als ihre Verzweigungen bezeichnet werden können.

Symbolisiertes KIA
»Neither, Neither«
oder die unmodifizierte Sexualität
Dualistisches Prinzip

Modifikationen

lität Einheit ist, ist die Zeit, der Komplex der Begrifflichkeit, das ewige Rückfließen zur ursprünglichen Wirklichkeit in Freiheit - sie entspricht, da sie die Trinität der Dualitäten ist, den sechs Sinnen, den fünf Facetten des Sex - das Äußere als eine vollständige Sexualität projizierend für die Selbst-Annihilation in der Negation. Da sie der Tetragrammaton der Dualitäten ist, ist sie zwölffach durch Anordnung, der menschliche Komplex, und mag als die zwölf Gebote des Glaubenden bezeichnet werden. Sie imaginiert die ewige Dezimale, indem ihre Vielfältigkeit die Ewigkeit umfaßt, welcher die vielfältigen Formen entspringen, die wiederum das Sein konstituieren. Belebt durch den Odem der Selbst-Liebe, ist sich das Leben des Einen bewußt. Da das Selbst die dem entgegenwirkende Kraft ist, herrschen abwechselnd Konflikt, Harmonie, Leben und Tod vor. Diese vier Prinzipien sind ein und dasselbe - die Konzeption angesehen als das vollständige »Selbst« oder Bewußtsein - von da können sie in die Einheit verschmolzen und symbolisiert werden als . Eine Form geschaffen aus zweien, die dreifach ist und vier Richtungen hat.

* * * * * * * * * *

Das Transzendentale Gesetz, das Gesetz und Testament des »Neuen«.

Das Gesetz des Kia ist sein eigener Schiedsrichter jenseits von Notwendigkeit, wer mag das namenlose Kia begreifen? Offensichtlich und doch unverständlich, ohne Form, sein Entwurf über alle Maßen erhaben. Sein Wunsch ist sein eigener höchster Überfluß, wer mag seine geheimnisvolle Absicht verfechten? Durch unser Wissen wird es noch obskurer, rückt noch weiter in die Ferne, und unser Glaube - Undurchsichtigkeit. Ohne Attribut, ich kenne seinen Namen nicht. Wie frei ist es, es braucht keine Oberherrschaft! (Königreiche sind ihre eigenen Plünderer.) Ohne Geschlecht, wer wagt es, eine Beziehung zu behaupten? Ohne Tugend, wie wohltuend in seiner moralischen Selbst-Liebe! Wie mächtig ist es in seiner

Feststellung »*Muß nicht sein - Macht nichts aus*«! Selbst-Liebe in vollkommener Perspektive dient ihrem eigenen unbesiegbaren Zweck der Ekstase. Höchstes- Entzücken, Gegensatz simulierend, ist ihr Gleichgewicht. Sie erleidet keinen Schmerz, noch ist sie aktiv tätig. Ist sie nicht selbst-anziehend und unabhängig? Ganz gewiß können wir sie nicht Ausgewogenheit nennen. Könnten wir nur ihr Gesetz nachahmen, würde sich alle Schöpfung ohne Befehl vereinen und unserer Absicht in Sinnlichkeit und Harmonie dienen. Kia ist, da es das Begriffliche transzendiert, unveränderlich und unerschöpflich, es bedarf keiner Erleuchtung, um es sehen. Wenn wir unseren Mund öffnen, um darüber zu sprechen, so entspricht ihm das nicht ein bißchen, sondern nur unserer Dualität, so mächtig diese auch in ihrer frühen Einfachheit ist! Kia erschafft sich ohne Begrifflichkeit sein Stelldichein wie auch die Fülle der Schöpfung. Ohne Behauptung einer mächtigsten Energie, ohne Kleinheit mag es als das geringste unter den Dingen anmuten. Sein Besitz der unsrige ohne zu fragen, indem es frei ist, und das einzige Ding, das frei ist. Ohne Unterscheidung verfügt es über keine Günstlinge, sondern nährt sich selbst. In Furcht zollt alle Schöpfung Tribut - preist aber nicht seine Moral, und so vergeht alles auf unschöne Weise. Wir versehen uns selbst mit der Macht, die wir von ihm empfangen, und es wirkt als ein Meister[12] - niemals die Ursache der Befreiung. So forme ich auf ewig aus dem »Selbst« das Kia, ohne Ebenbild, welches aber als die Wahrheit betrachtet werden mag. Aus dieser Verfügung ist die Knechtschaft gemacht, nicht durch Intelligenz werden wir frei. Das Gesetz des Kia ist seine ewig ursprüngliche Absicht, nicht festgelegt, ohne Veränderung die Emanationen, durch unsere Begrifflichkeit manifestieren sie sich und bestehen aus jener Dualität, der Mensch nimmt sein Gesetz aus dieser Brechung, seine Vorstellungen - Wirklichkeit. Womit gleicht er seine Ekstase aus? Maß für Maß durch außerordentlichen Schmerz, Leid und Elend. Was ist dann

12 Ursächlich durch die Inkarnationen ist unser schließliches »Selbst« abgeleitet von den Attributen, mit denen wir unseren Gott ausstatten, das abstrakte Ego oder empfangende Prinzip. Alle Begrifflichkeit ist eine Leugnung des Kia, von da sind wir selbst der Widersacher, unser eigen Übel. Als Sprößlinge unserer selbst sind wir der Konflikt dessen, was wir bezüglich des Kia ablehnen oder behaupten. Es scheint, als könnten wir nicht vorsichtig genug in unserer Wahl sein, denn sie bestimmt den Körper, den wir bewohnen.

mit seiner Rebellion? Notwendigerweise Sklaverei! Dualität ist das Gesetz, die Erkenntnis durch Leiden, Beziehung und Widerstand durch die Einheiten der Zeit. Ekstase, für gleich welchen Zeitraum, ist schwierig zu erlangen, und dafür muß hart gearbeitet werden. Verschiedene Grade des Elends wechseln sich ab mit Ausbrüchen von lustvoller Sinnlichkeit und weniger ängstlichen Empfindungen. Sie könnten als die Bedingung für Bewußtsein und Existenz anmuten. Dualität in der einen oder anderen Form ist Bewußtsein als Existenz. Dies ist die Illusion der Zeit, Größe, Wesenheit, etc. - die Grenze der Welt.

Das dualistische Prinzip ist die Quintessenz aller Erfahrung, keine Verzweigung hat seine frühe Einfachheit vergrößert, sondern ist lediglich seine Wiederholung, Modifizierung oder Komplexität, niemals ist seine Evolution vollendet. Ich kann nicht weiter als bis zur Erfahrung des Selbst gehen - so kehrt es zurück und vereinigt wieder und wieder, ewiglich ein Antiklimax. Denn das ewige Zurückgehen zu seiner ursprünglichen Einfachheit durch unendliche Verwicklung hindurch ist seine Evolution. Niemand wird das »Warum« durch sein Wirken verstehen. Kenne es als die Illusion, die das Erlernen allen Daseins umschließt. Das Bejahrteste, das weiser nicht mehr wird, es mag als die Mutter aller Dinge angesehen werden. Deshalb glaube, daß alle Erfahrung Illusion ist, und das Gesetz der Dualität. Gleichwie der Raum einen Gegenstand sowohl von innen als auch außen her durchdringt, auf analoge Weise innerhalb und jenseits von diesem sich ewig wandelnden Kosmos, gibt es da dieses einzigartige Prinzip.

Abb. 4: ATMOSPHÄRISCHER VAMPIR

Selbstgespräche über die Gottheit

Wer hätte das jemals gedacht?

Irgendetwas verursacht Schmerz, und irgendetwas spendet der Höllenqual Energie: könnte dies nicht durch die latent vorhandene Vorstellung einer Höchsten Wonne verursacht worden sein? Und dieses ewige Erwarten, dieses Anhäufen von Zierrat auf Verfaulendem, dieser ewig bleibende Gedanke - geht dies überein mit der Eitelkeit, die dem Tode vorausgeht? O, schmutziger Gedanke aus der morbidesten Laune heraus - wie kann ich dich verschlingen und meine Seele retten? Immerfort kam die Antwort zurück - »Zolle Tribut, wo angemessen; der Arzt ist der Herr des Daseins!« Dieser Aberglaube namens Medizin - ist er nicht die Essenz der Feigheit, der Verursacher des Todes?

* * * * * * * * * *

Seltsam, daß niemand sich an das Totsein erinnert? Hast du jemals die Sonne gesehen? - Wenn dem so ist, dann hast du nichts tot gesehen - trotz deines anders lautenden Glaubens! Wer ist mehr tot, »du« oder jener Leichnam? Wer von euch hat das größere Ausmaß an Bewußtsein? Nur dem Ausdruck nach geurteilt - welcher von euch erweckt den Anschein, das Leben mehr zu genießen? Könnte nicht dieser »Glaube« an den Tod der »Wille« sein, der den »Tod« um deiner Befriedigung willen in Versuchung führt, dir aber nicht mehr zu geben vermag als Schlaf, Verfall, Wandlung - Hölle? Dieses fortwährende Schlafwandeln ist »das Unbefriedigende«.

* * * * * * * * * *

Du glaubst nicht an Geister und Gott - weil du sie nicht gesehen hast? Was! Du hast noch nie die spottenden Geister deiner Glauben gesehen? - den Lachenden Bedlam deiner Unterwürfigkeit oder den Mammon - deine grotesken Vorstellungen vom »Selbst«? Ja, eben eure Fähigkeiten und eure mutigsten Lügen sind Götter! Wer anders ist der Mörder eurer Götter - als ein Gott!

Es gäbe keinen Beweis, daß ihr bereits früher existiert habt? Was für eine Ausrede! Niemand sei zurückgekehrt, um uns Bericht zu erstatten? Was für ein unbrauchbarer Rechtsbeistand! Du seiest nur, was du warst - irgendwie verändert? Du bist der Prima Facie-Fall, daß du reinkarniert bist in vielleicht allem? Die »Vielleichts« sind möglich! Kannst du das, was du tust, auf andere Weise tun? Niemals werde ich müde zu bekräftigen, daß du es fortlaufend auf andere Weise tust!

* * * * * * * * * *

Was ist denn die »Häßlichkeit«, die beleidigt? Ist sie das vage Wissen darum, daß du deine Ansicht wirst ändern müssen - daß du keimen läßt, was du in dir trägst? Du erinnerst dich stets an das, was du vergaßest; ist heute vielleicht der Tag der Abrechnung - mit dem erzwungenen Glauben an das, woran du nicht geglaubt? Nun, wenn Heute Gestern ist allen äußeren Erscheinungen nach - dann ist Morgen auch Heute - der Tag des Verfalls! Täglich wird dieses Universum zerstört; dies ist, weshalb ihr bewußt seid! Es gibt kein Leben noch den Tod? Solche Vorstellungen sollten nicht einmal komisch sein.

Es gibt keine Dualität?

Du bist dir des lebenslustigen Schmetterlings bewußt, den du beobachtest, und du bist dir dessen bewußt, »Du selbst« zu sein; der Schmetterling ist sich dessen bewußt, »er selbst« zu sein, und als solcher ist er ein Bewußtsein ebenso gut und gleich dem deinen,

Abb. 5: Emanationen des Ego

d.h. dessen, »du selbst« zu sein. Ist deshalb dieses Bewußtsein »eurer selbst«, das ihr beide empfindet, das selbe »eurer selbst«? Ergo, ihr seid ein und derselbe - das Mysterium der Mysterien und die am einfachsten zu verstehende Sache auf der Welt! Wie könntest du dir dessen bewußt sein, das du nicht bist? Aber du könntest da anderer Meinung sein? So, wenn du einen Schmetterling verletzt, verletzt du dich selbst, aber dein Glaube, daß du dich selbst nicht verletzt, schützt dich vor der Verletzung - für eine Weile! Der Glaube wird müde, und elendiglich verletzt bist du! Du, was du willst - der Glaube ist stets sein eigener innerer Widerspruch. Begehren enthält alles, von da mußt du an alles glauben - wenn du überhaupt glaubst! Glaube scheint den gesunden Menschenverstand auszuschließen.

* * * * * * * * * *

Daran besteht kein Zweifel - dieses Bewußtsein von »Dir« und »Mir« ist der unwillkommene gleichwohl allzeit bereite Folterknecht - und doch »muß« es in keiner Hinsicht »so sein!« Ist es nicht eine Frage von Furcht? Du hast Angst, eine Grube von Tigern zu betreten? (Und ich versichere dir, es ist eine Frage von Rechtschaffenheit - (angeboren oder kultiviert) - ob du freiwillig hineingehst oder gestoßen wirst, ob du lebend herauskommst oder nicht!) Und doch begibst du dich täglich in Gruben hinein, die von schrecklicheren Kreaturen bewohnt werden als Tiger es sind, und du kommst unverletzt heraus - weshalb?

* * * * * * * * * *

Die Allegorie.

Große Wissenschaftler finden die todbringenden Eigenschaften der Mikroben heraus, die wir einatmen, und die deren Kanon zufolge vernichtend wirken sollen; sind wir vielleicht schon tot? Habt Vertrauen! Die Kanons der Wissenschaft sind schon einigermaßen richtig, sie sind für den Zweifel keine Enttäuschung! Unsere ach so große Leutseligkeit - »dieser Impuls zu wissen« wird uns gewiß die Krankheit und den Tod, den sie[13] schenken, bringen! Und als Ausgleich geben sie uns auch ihre Macht zu vernichten! Für die Vernichtung von wem? Die Dinge werden in Ordnung gebracht! Ist dies der Wert des Willens? Dieser »Wille zur Macht« - wie lebensrettend! Wie förderlich für unterscheidendes Auswählen! Wie angenehm! Höchst edle Forscher! O, ihr Wissenschaftler - fahrt fort, die bodenlose Grube zu erkunden! Wenn ihr durchtränkt seid von Wissenschaft - wird dann der Blitz den Mörder herausschleudern? Neue Hoffnung wird geboren werden? Neue Lebewesen für den Zirkus? (Das Konzept) der Gottheit muß fortlaufend sein eigenes Beharrungsvermögen um der Transmutation in sein Gegenteil willen entfalten - weil es dieses enthält!

Der Meister muß schmerzlich seine eigene Dummheit erfahren?

Das geistige Bild von Gott meint immer das Vernachlässigen von höchster Gewalt und Göttlichkeit; muß also durch Furcht ausgetrieben werden, eh?

Es gibt keinen Atheisten, niemand ist frei von persönlicher Geschichte, es gibt niemanden, der furchtlos genießt?

Das Konzept besteht aus dem Fehlen seiner undiskutierbaren Wirklichkeit oder Wirklichkeit innen! Wenn das Konzept des Vergessens gedenkt - könnte es die Gelegenheit seines Wirklichwerdens für dich sein? Wenn das Gebet - (du betest fortlaufend) - sich in seine eigene Lästerung- verwandelt hat - du bist anziehend genug, um erhört zu werden - wird dir dein Wunsch gewährt! Was für ein Purzelbaum der Unterwürfigkeit!

* * * * * * * * * *

Ob Gott als Meister durch Furcht projiziert wird oder als der Bewohner des Inneren vermöge von Liebe, Götter sind wir die ganze Zeit über; dies ist, weshalb Göttlichkeit immer potentiell ist. Ihr fortwährendes Keimen, die ewigliche Verzögerung - ist das Leben. Dieser Neid des Meisters oder Schöpfers - die letzte Hoffnung, der Richtschnur zu folgen, ist ebenfalls Existenz und das Verwirken des »Lebens«!

---

13 die Mikroben.

* * * * * * * * * *

Es gibt keine wissenschaftliche Tatsache, stets ist in dem einen dessen Gegenteil als gleichwertige Tatsache impliziert, dies ist die »Tatsache«. Also, weshalb dann sich abmühen, um irgendetwas als Tatsache zu beweisen? Diese eitle Hoffnung, eine Endgültigkeit zu beweisen, ist der Tod selbst, also warum das «Verlangen« zum besten halten? Du hast bewiesen (mit Hilfe der Mathematik!), die Sonne sei so viele Millionen von Meilen entfernt von dir - nun wirst du ihre wirkende Kraft beweisen! Die Natur - jene Triebfeder für die Antithesen zu deinen Wahrheiten - wird schnell beweisen (mit Hilfe der Mathematik und wann immer du möchtest!), daß die Sonne überhaupt nicht existiert! Oder, falls du es wünschst - sie wird schlüssig beweisen, daß die Sonne Millionen von Millionen Meilen weiter weg oder Millionen von Millionen Meilen näher ist, als du einst gedacht! Höchst außergewöhnlicher Denker! Diese Tatsachen und viele anderen sind dem Schmetterling, den Läusen, den Insekten längst bekannt - und dir vielleicht auch? Wessen Sinne sind wahrhaftiger - die deinen oder die der Stubenfliege? Letztendlich wirst du ihre Art zu sehen übernehmen - ihre Gedanken und Weisheit - warst du diese schon einmal? Du bist diese jetzt - aber du hast sie nicht erweckt - noch einmal wirst du diese voller Macht sein! Wundersamer Fortschritt! Höchst verdienstvolle Erlangungen! Höchst erbarmungslose! Der Fortschritt sollte genau untersucht werden und auch das, was du durch die Füglichkeit der Wissenschaft gewonnen hast. Ein Gedanke um des Weitblicks willen - du bist immer das, was du dir am meisten wünschst - das in Aussicht stehende! Dein Wunsch ist es, deinem Verlangen entsprechend zu leben, und dies ist, was du fortwährend verwirklichst! Höchst edle Empfindsamkeit! - du bist »es« bereits - das »Erfüllte« - das »Wunschlose« - das »Wahre«! Du bist trunken davon!

Es gibt keine Illusion denn das Bewußtsein! Dieses Bewußtsein ist ewiglich das lächelnde Denkmal, das dessen gedenkt, »ob du jemals das Leben wirklich genossen hast«!

* * * * * * * * * *

Der Gott des »Willens« ist der Befehl zu gehorchen, seine Gerechtigkeit fürchtet jedermann - um ein Schwert handelt es sich - deinen

Verdienst für den Gehorsam! Der »Wille« ist der Befehl zu glauben, dein Wille ist das, woran du geschäftig geglaubt hast, indem du Glauben für dich gewollt hast! Du denkst, wenn »er« wünscht! Der »Wille« ist Verflechtung, das Werkzeug eines Werkzeugs. Nenne diesen Willen frei oder nicht - jenseits von Willen und Glauben liegt Selbst-Liebe - ich weiß keinen besseren Namen. Die »Wahrheit« ist nicht schwierig zu verstehen! Die Wahrheit hat keinen Willen - der Wille hat keine Wahrheit! Wahrheit ist Wille niemals geglaubt - er hat keine Wahrheit! »Könnte sein« - ist die unmittelbare Gewißheit! Diese gespenstische Sphinx lehrt uns den Wert des »Willens zu allem«? Dann gibt es kein gewichtigeres Risiko als »Absolutes Wissen« - wenn wenig gefährlich ist - was ist dann mit Allwissenheit? Die Allmächtige Macht hat keine Accessoires!

* * * * * * * * * *

Wissenschaft ist der verfluchte Zweifel am Möglichen, ja, an dem, was existiert! Du kannst dir eine Unmöglichkeit nicht vorstellen, nichts ist unmöglich, du bist das Unmögliche! Zweifel ist Verzögerung - Zeit - aber wie bestraft er! Nichts ist mehr wahr, als irgendetwas anderes! Was bist du *nicht* - hast du darauf jemals wahrheitsgemäß geantwortet?

* * * * * * * * * *

Du hast eine Gewaltherrschaft über dich selbst, so vergißt du fortlaufend, woran du dich erinnerst; du widerstehst den Dingen der Sinne und setzt den Fähigkeiten Widerstand entgegen, indem du glaubst oder nicht. Diese Fähigkeiten sind so zahlreich wie die Atome, die du noch nicht gesehen hast, und sie sind so endlos wie die Zahl Eins - sie kommen nach Belieben ins Leben. Manchmal nimmst du ein paar an - Wissen drückst du durch sie aus - wenn du nur deine eigene Sprache verstehen könntest, denn jene, die du verleugnest, sprechen lauter als Worte! Ich für meinen Teil glaube lieber nicht an die Weisheit des Allmächtigen.

Der Glaube ist stets sein eigener Verführer, anderes zu glauben; du kannst der Freiheit keinen Glauben schenken, aber du kannst vom Glauben befreit werden? Auch an die »Wahrheit« kannst du nicht glauben, aber du mußt dich ja nicht bloßstellen. Die Lebensform richtet sich nicht nach »Werkzeugen« aus - diesen Doktrinen - meinen Doktrinen, auch wenn sie es dem selbst-ernannten Anbeter gestatten, meiner Erkenntnis nachzueifern - möge ich ewiglich erröten! Der Mensch der Sorge ist der Lehrer! Ich habe gelehrt - würde ich mich selbst oder dich noch einmal belehren? Nicht für ein Geschenk des Himmels! Meisterschaft gleicht dem Lernen - gleicht fortlaufendem Vergessen! Allmächtig ist er, der nicht gelernt hat, und mächtig ist das kleine Kind - es hat nur die Macht, sich einzuverleiben!

Der vernunftwidrigste Narr fragt nun - »wie können wir den unvermeidlichen Entfaltungen der Vorstellungskraft entgehen - wo sich doch jedermann fortlaufend Vorstellungen macht?« Meine Antwort soll alle Werkzeuge, alle Menschen, alle Bedingungen einbeziehen. Höre, O, Gott, der ist, würde dennoch Gott sein. Wenn das Gemüt das in die Enge getriebene Vermögen zu wagen ist, dann wird das Unmögliche erkannt; vermöge dieses höchst einfachen Zustands des »Neither-Neither« wird das Ego zum schweigenden Wächter und weiß um alles! Das »Warum« und »Wie« des Verlangens ist innerhalb des mystischen Zustands des »Neither-Neither« enthalten und der gesunde Menschenverstand beweist, es ist der Milch-Zustand, höchst nahrhaft! Ungeschliffen, wie ich bin - gleichwohl daraus meine Ideen hervorgekommen sind (und, mein Freund, all die deinen) - bin ich doch immer ein Faulenzer gewesen, ein alter Sünder, der andere allmächtig vor sich selbst zu sehen pflegt.

Abb. 6: Der Aufstieg des Ego von Ekstase zu Ekstase

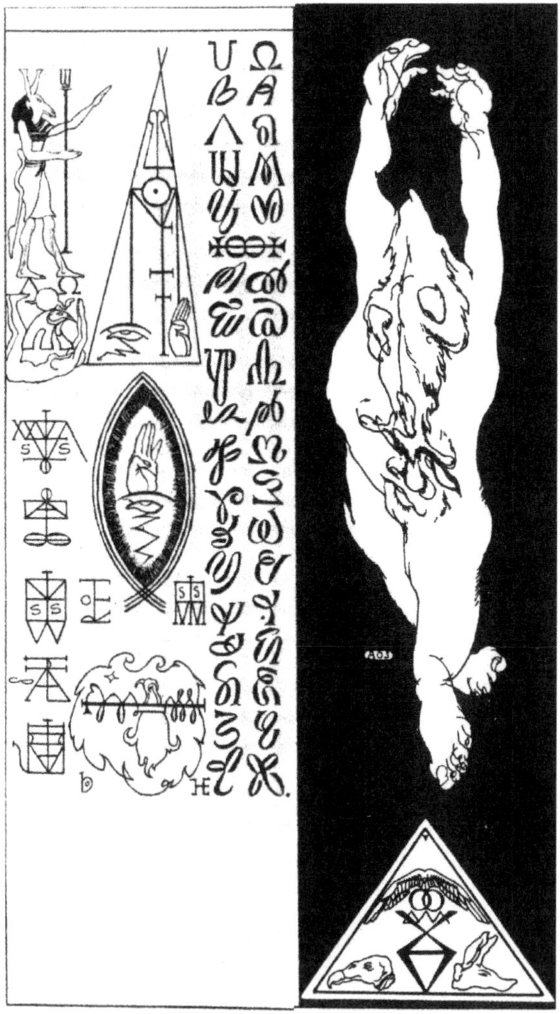

Abb. 7: DIE TODESSTELLUNG (3. VARIANTE)

Die Todesstellung

Vorstellungen vom Selbst im Widerstreit können nicht vernichtet werden, durch Widerstand sind sie Wirklichkeit - weder Tod noch Schlauheit haben sie überwinden können, sondern sind ihre Energiezufuhr. Die Toten werden wieder und wieder geboren und liegen erneut im Bauche der Vernunft. Durch das Zulassen von Reifung geschieht es, daß der Verfall begründet wird - wohingegen durch Nicht-Widerstand das Regridieren in die anfängliche Einfachheit und die Überfahrt in die Ursprünglichkeit und Einheit ohne das geistige Bild stattfindet. Diesem Bilde entstammt die Formel des Nicht-Widerstands, aus der sich das »Macht nichts - nimm dir dein Vergnügen« entwickelt.

Auf das begriffliche Konzept »Ich bin nicht« muß der sprachlichen Struktur wegen notwendigerweise das Konzept von »Ich bin« folgen, so sicher, wie in dieser Welt des Leids die Nacht dem Tag folgt. Das Erkennen von Schmerz als solchem impliziert die Vorstellung von Vergnügen, und so mit allen Vorstellungen. Mittels dieser Dualität soll er sich daran erinnern, zu allen Zeiten zu lachen, alle Dinge zu erkennen, sich nicht zu widersetzen; dann gibt es keinen Konflikt, keine Unvereinbarkeit oder keinen Zwang als solchen.

Hinausgehen über das Konzept vermöge eines klaren Symbolismus

Der Mann impliziert die Frau, ich transzendiere diese durch den Hermaphroditen, dieser wiederum impliziert einen Eunuchen[14];

14 Geschlechtslos.

alle diese Zustände transzendiere ich durch ein »Neither« Prinzip; doch obwohl ein »Neither[15]« unbestimmt ist, beweist die Tatsache, daß es begriffen wird, seine Greifbarkeit, und dies impliziert wiederum ein anderes »Neither[16]«.

Aber das »Neither-Neither«-Prinzip jener beiden ist der Zustand, in dem das Gemüt über das Begriffliche hinausgegangen ist, es kann gar nicht ins Gleichgewicht gebracht werden, da es nur sich selbst impliziert. Das »Ich«-Prinzip hat den »Macht nichts - muß nicht sein« Zustand erlangt und ist nicht auf Form bezogen. Sicher und jenseits von dieser gibt es kein anderes, deshalb ist es allein vollständig und ewig. Unzerstörbar verfügt es über die Macht zu zerstören - deshalb ist es allein wahrhaftige Freiheit und Existenz. Durch es entsteht Immunität gegenüber allem Leid, somit der Geist der Ekstase. Wenn du mit Hilfe des dargestellten Werkzeugs allem entsagt hast, suche Zuflucht darin. Gewiß ist es der Wohnort des Kia? Wenn dies einmal (selbst symbolisch) erlangt ist, findet unsere bedingungslose Erlösung von Dualität und Zeit statt - glaube, daß dies wahr ist. Ist der Glaube befreit von allen Vorstellungen außer der lustvollen Sinnlichkeit, erschöpft sich schnell das Karma, das bedingt ist durch Gesetz (Mißvergnügen). In jenem Augenblick jenseits von Zeit kann ein neues Gesetz ohne den Preis des Leids inkarniert werden, jeder Wunsch wird gewährt, da er der Gewährer seiner Wünsche geworden ist. Das neue Gesetz soll die Arkana des mystisch unausgewogenen »Macht nichts - muß nicht sein« sein, es gibt keine Bedingtheit, »nimm dein Vergnügen« ist das Glaubensbekenntnis[17].

An jenem Tag mag ein genaues Erwägen stattfinden. Ohne Abhängigkeit kann das, was zu glauben du wünschst, wahr sein. »Er[18]« ist befriedigt durch diese Nachahmung, mir wird die Wahrheit durch alle Systeme der Herrschaft offenbart, er selbst aber wird

---

15 Hier im Sinne von »keines davon«.

16 Da sie dualistisch sind, weisen sie eine Analogie zu bestimmten frühen Prinzipien der Sexualität in der Natur auf. Sie werden erweitert in dem heiligen Alphabet, das zu schwer verständlich ist, als daß man es mit orthodoxen Worten und einer entsprechenden Sprachform erklären könnte.

17 Indem der Glaube ewig nach Leugnung strebt - Fülle durch Vervielfachung, wird er frei bleiben durch Rückhalt darin.

18 »Er«, das Ego, wird nun das »Absolute«.

nicht beherrscht; Kia, die höchste Seligkeit. Dies ist die segensreiche Wissenschaft, sein Vergnügen vermöge einer neuen Übereinkunft zu nehmen, der Kunst der Selbst-Liebe durch Anerkennung, der Psychologie der Ekstase durch Nicht-Widerstand.

Das Ritual und die Doktrin.

Wohlig auf dem Rücken zu liegen, wobei der Körper die Empfindung des Gähnens ausdrückt, tief Atem zu holen, während man im Geiste schöpferisch ist, dies ist die Idee der Stellung. Die Zeit wird mit jenen Dingen vergessen, die von Bedeutung waren, indem man ihre Bedeutungslosigkeit reflektiert, der Augenblick ist einer jenseits von Zeit, und seine Kraft hat sich eingestellt.

Auf den Zehenspitzen zu stehen, die Arme dabei steif und hinten mit Hilfe der Hände festgehalten, diese verschränkt und alles bis auf äußerste angespannt, der Nacken gestreckt - tief und krampfartig zu atmen, bis Schwindel und sinnliches Empfinden ausbruchsartig kommt, gibt Erschöpfung und die Befähigung für das vorherige.

Starre auf dein Spiegelbild, bis daß es verschwimmt und du den Starrer nicht erkennst, schließe dann deine Augen (dies geschieht gewöhnlich unwillkürlich) und visualisiere. Das Licht (immer ein X in seltsamen Entfaltungen), das gesehen wird, muß festgehalten werden, niemals lasse es los, bis die Anstrengung selbst vergessen ist, und dies vermittelt ein Gefühl von Unermeßlichkeit (welches einer kleinen Form gleich sieht), dessen Grenze du nicht erreichen kannst. Dies sollte praktiziert werden, bevor das vorherige erfahren wird. Das Gefühl, das empfunden wird, ist das Wissen, das dir sagt, weshalb.

Die Todesstellung ist dessen Unvermeidlichkeit beschleunigt, durch sie entkommen wir unserer endlosen Verzögerung - durch ihre Erlangung wird das Ego einem Blatt in einer steifen Brise gleich hochgewirbelt - in der Flüchtigkeit des Unbestimmbaren wird das, was immer gerade zu geschehen im Begriff ist, zur Wahrheit. Dinge, die offenkundig sind, sind nicht länger unverständlich, da er sein Vergnügen nach seinem eigenen Willen nimmt, erkenne dies als die Negation allen Glaubens, indem es gelebt wird, als das Ende der Dualität des Bewußtseins. Aus der des Glaubens wird ein positiver Todeszustand, aus allem anderen wie Schlaf, ein negativer Zustand. Er ist der tote Leib von allem, an das wir glauben, und er soll einen leblosen Leichnam erwecken. Das Ego in der Abhängigkeit von Gesetzmäßigkeit sucht das Loslassen in Schlaf und Tod. Erkenne die Todesstellung und ihre Wirklichkeit in der Annihilation von Gesetzmäßigkeit - im Aufsteigen aus der Dualität. An jenem Tag tränenlosen Klagens soll das Universum zu Asche zerfallen... er aber entgeht dem Gericht! Und was das »Ich« anbetrifft, o höchst unglückseliger Mensch! In jener Freiheit gibt es keine Notwendigkeit, was könnte ich mehr sagen? Eher würde ich große Sünde begehen, als mich selbst zu kompromittieren. Es gibt viele vorbereitende Übungen, so zahlreich wie Sünden, sinnlos in sich selbst, aber hinweisend auf das höchste Werkzeug. Die Todesstellung in der Reduktion aller begrifflichen Vorstellung (Sünde) auf das »Neither-Neither«, bis die Sinnlichkeit zu ihrer eigenen Erfüllung geworden ist, indem du dir dein Vergnügen nimmst. Durch dies und nichts anderes werden der Stillstand des Glaubens, die Wiederherstellung der neuen Sexualität[19] und die ewig ursprüngliche Selbst-Liebe erlangt. Die uranfängliche Leere (auch Glaube) findet sich nicht, indem man übt, das Gemüt auf eine Negation aller faßbaren Dinge zu konzentrieren, auf die Identität von Einheit und Dualität, Chaos und Einheit, etc. etc., sondern indem man es jetzt tut, und nicht irgendwann. Nimm wahr und empfinde ohne die Notwendigkeit eines Widerparts, sondern durch das dazu in Beziehung stehende. Nimm das Licht ohne Schatten durch seine eigene Farbe als einen Kontrast dadurch wahr, daß die Empfindung des Lachens zum Zeitpunkt der Ekstase in der Vereinigung heraufbeschworen wird, und durch Praktizieren, bis diese Empfindung nicht länger ermüdend und sehr fein geworden ist. Das Gesetz der Reaktion wird überwunden durch Einschließung[20]. Selbst wenn er einhundert Vergnügungen gleichzeitig genießt, gleich wie groß seine Ekstase, so verliert er nichts, sondern großes Wachstum findet statt. Möge er entsprechend täglich praktizieren, bis er im Zen-

19 Welche, wie Spare an anderer Stelle sagt, die eigentlich ursprüngliche ist, aber schon so weit von uns entfernt, daß sie als »neu« bezeichnet werden muß.

20 Mehr noch, durch »Inklusion«.

trum des Verlangens angekommen ist. Er hat der großen Absicht nachgeeifert. Ebenso sollen alle Emotionen ihr Gleichgewicht im Augenblick der Emanation finden, bis sie eins geworden. Auf diese Weise werden, indem man Glaube und Samen vom Begrifflichen fernhält, diese einfach und kosmisch. Vermöge dieser Erleuchtung gibt es nichts, was nicht erklärt werden kann. Mit Sicherheit finde ich Befriedigung in Ekstase. Ich habe euch nun ein Geheimnis von großer Bedeutung mitgeteilt, das mir schon von Kindheit an bekannt war. Sogar im geschäftigen Streben nach einer Entleerung des Glaubens ist man kosmisch genug, um im Innersten von anderen wohnen und dies genießen zu können. Wenige unter den Menschen wissen, woran sie wirklich glauben oder was sie sich wünschen, so soll er, der es wissen will, damit beginnen, indem er die Grenzen seines Glaubens absteckt, bis er seinen Willen sieht. Da diese als Duale existieren, sind sie im Wunsche identisch; durch ihre Dualität gibt es keine Kontrolle, denn Wille und Glaube befinden sich ewiglich im Widerstreit, und jeder will den anderen nach seinen Absichten formen, am Ende gewinnt keiner, denn die Freude ist ein Zufluchtsort des Leids. Möge er sie vereinen.

Abb. 8: PROJEKTION

Abb. 9: DIE FORMEL VON ZOS VEL THANATOS

Die düsteren Feinde, geboren aus flauer Selbst-Hypnose

Der natürliche Glaube entspricht der unmittelbaren Eingebung[21], die den Glauben vermöge dessen bezwingt, was abwechselnd als reagierend und dominierend erfahren wird; all dies hat sich nach den genau abgegrenzten Empfindungen des Glaubens einzurichten, stimuliert von jenen in Harmonie; jene nicht übereinstimmenden verlieren ihre zwingende Kraft und wirken hemmend. So ist der Glaube durch sein eigenes Wirken begrenzt und für dich festgelegt. Die Mehrheit unserer Handlungen kann auf ein unbewußtes Verlangen (nach Freiheit) in Konflikt mit der Gewohnheit zurückgeführt werden, auf einen Gehorsam gegenüber dem uns innewohnenden Schicksalsglauben, der auf »guten und schlechten« Handlungen lastet, die (in vergangener Existenz) bereits wider eine gehütete Moral[22] begangen wurden und deren Reaktion sich ausdrückt in Spontanität, Unwillkürlichkeit, Autonomie, Bedachtheit, etc., wenn sich die Gelegenheit dazu gerade ergibt. Das Übrige ist zurückzuführen auf eine sich selbst widersprechende traditionelle Morallehre, die zum Gesetz geworden ist (teilweise akzeptiert, um diese Reaktion zu kontrollieren und einzugrenzen). In ihrem Ursprung ein Bild dafür, was man damals schicklicherweise für gut oder schlecht hielt... Um das sinnliche Vergnügen vermöge eines willkürlichen Kompromisses zwischen Entbehrung und Vollzug des gefürchteten Verlangens zu maximieren. Assimiliert mit Hilfe

21 Engl. 'Intuition'.

22 Die elementare Moral der Furcht vor dem Unangenehmen.

der Hinterlist, sie sei göttlichen Ursprungs[23], bestehen ihre Grundsätze aus der Belohnung für den Gehorsam und der Bestrafung für die Zuwiderhandlung, wobei beide jeweils für alle Zeiten gelten (für diese Welt und eine andere). Dieser Moralkodex ist eine dramatisierte Posse der Vorstellungskraft, ist dabei aber niemals so vollkommen oder einfach, als daß er Veränderung in irgendeiner Hinsicht zuließe, so wird er von der Evolution abgespalten, etc.; und diese Trennung bedeutet den Verlust jeden Nutzens und gebiert notwendigerweise um seiner Bewahrung und des gewünschten Einklangs willen Widersprüche oder Verwicklung, um eine Beziehung herzustellen. Wenn den entsprechenden Anordnungen nicht Folge geleistet wird, zeigt uns die Unredlichkeit selbst um unserer Rechtschaffenheit willen die Unbilligkeit dieses Tuns auf; oder wir erschaffen uns gleichzeitig eine Ausrede oder Grundlage für die Sünde, indem wir den Moralkodex so verzerren, daß eine Unangemessenheit eingeräumt werden kann. (Wobei wir gewöhnlich ein paar unverzeihliche Sünden zurückhalten - und ein ungeschriebenes Gesetz). Dieses negative Bekenntnis ist ein fingierter Rationalismus, der zufällig entstehende Rechtfertigungen zuläßt... einen Prozeß der Selbsttäuschung, um Befriedigung zu erzeugen und dich letztendlich von deiner eigenen Rechtschaffenheit zu überzeugen. Wer unter uns hat irgendeine Rechtfertigung außer der Selbst-Liebe? Wir erschaffen oder bekennen uns nicht zu einer Moral, die angemessen ist, die sich selbst dem Wachstum zuwendet und einfach bleibt, die Überschreitung ohne Rechtfertigung oder Strafe erlaubt. Weisheit und ein Zeichen für gesunden Menschenverstand wäre es, wenn dem so wäre, gleich wie die Dinge in deinem Gemüte gerade stehen. Die Natur verleugnet am Ende das, was sie behauptet: Durch das fortlaufende Bündnis mit dem selben Moralkodex helfen wir dem Verlangen beim Überschreiten desselben. Das Verlangen nach jenen Dingen wird verleugnet, umso strikter, desto mehr sündigst du, aber das Verlangen gleicht ebenso der Bewahrung des moralischen Instinktes, und so bildet das Verlangen seinen eigenen Widerspruch aus (und zwar schwach genug). Habe keine Furcht, der Stier der Erde hat schon lange nichts mehr mit deinem unreinen Schuldbewußtsein zu schaffen gehabt,

23 D.h. die Morallehre.

deinen flauen Vorstellungen um die Moral. Die Mikrobe allein würde das Ansehen von Furcht nicht erwecken!

Die Vielschichtigkeit des Glaubens (kenne dich selbst). Das Wesen des Glaubens gleicht allen, letztenendes wahren Möglichkeiten durch die Identifikation der Kultur mit einer Vorstellung von Zeit, so daß das, was zeitlich nicht passend ist, nicht wahr ist, und was nicht wahr ist, Vorhersagung. Der Gedanke an ein Ding impliziert die Möglichkeit einer anderen Vorstellung, im Widerspruch dazu, aber nicht losgelöst davon, Glaube heißt, »eines« mehr überzeugend zu machen. Die Bedingung des Glaubens ist die Leugnung oder Grenze, der Entfaltung der Lebenskraft auferlegt. Überhaupt zu glauben stellt an sich eine Konzentration und einen Lernprozeß dar, um das Implizierte auszuschließen, indem man eine Hypothese oder einen Glaubenssatz übernimmt, der ohne Sorge zu erregen oder auf Schleichwegen das Abgelehnte rationalisiert. Die Wahrheit ist nicht die Wahrheit der Formel.

Das Zentrum des Glaubens ist die Liebe für das eigene Selbst, die das Äußere um der Erfüllung willen projiziert, dessen Verzerrung wiederum aber zuläßt, um Ablehnung zu simulieren, einen Ehrgeiz, über das Selbst-Verlangen hinausgegangen zu sein; aber weiter als bis zum Zentrum kannst du nicht gehen, also vervielfachst du (Glauben), um dir des Grundlegenden weniger bewußt zu sein. Nun ist diese Weigerung zu glauben, was man glaubt und exakt, wie man glaubt, die erste Bedingung für all jene, die in irgendeiner Hinsicht überhaupt ein Verlangen empfinden; der Mensch, der verliebt ist, wird durch einen Akt der Gewalt zum Lügner, von sich selbst hypnotisiert durch morbide Selbst-Beweihräucherung. Du kennst das Ergebnis... Du kannst nur ein Ding »wahrhaft glauben«, jedoch ist dessen Verflechtung grundlegend (da die Wahrheit zu töten scheint[24]), so setzt sich das Vorgestellte auf ewig fort. Die Vorstellungskraft lernt, daß es auf ihre Unterdrückung hinausläuft. Um das »Warum« des Glaubens (oder das von irgendetwas anderem) zu erklären, müssen wir dessen Schisma überwinden. In der vollkommenen Bewußtheit hinsichtlich dessen, wie das Selbst liebt, liegt das Werkzeug dafür. Da wir dieses Gesetz der Dualität in allen unseren Glaubensprozessen imitieren, ist das nicht so ein-

24 Und in der Tat tötet, wenn man sie fürchtet.

fach, wie es scheint. Wer hat dem Gesetz der Vorstellung zuwidergehandelt? Wer hat keine Furcht? Gleichwohl entsteht durch eben diese Sünde das Wissen darum, was den Abtrünnigen ausmacht. Anmutig die Enttäuschung im Augenblick des Verlangens zu erzwingen oder zu erwarten ist das Werkzeug, um die Täuschung zu orten, welcher Bewußtseinszustand allein die Möglichkeit für eine Erforschung gibt. Jenseits davon befindet sich etwas Willkürliches, das Unschlüssige. Das Anordnen von Gesetzen mit Hilfe der »Vernunft« zu imitieren heißt nur, die Konsequenzen zu verdammen. Vernunft ist Glaube, Glaube ist Furcht vor den eigenen Fähigkeiten, der Glaube, daß du nicht einmal all der Wunder Schöpfung bist, ganz zu schweigen von der Möglichkeit, der Schöpfer zu sein. Sie bedeutet Verzögerung... Der Glaube verdient wohl den schrecklichen Haß der Lebenskraft. Glaube ist keine Freiheit. Glaube schafft sich seine notwendige Erfahrung, Fortschritt keimt im Rückschritt. Denke, die Wirklichkeit befände sich irgendwo: und dein Glaube kann zu klein sein als ihr Wohnort. Oh, die ihr eifrig an Gott glaubt, gesellt euch hinzu in der Verehrung des Selbst! Ah! Törichter Mensch, verehre die Siegreichen in Freiheit. Wenn der Tod sich nähert, werden der Glaube an Gott und das Verlangen nach Frauen dich nicht retten, worin besteht ihr Nutzen, wenn Verdorren und Verfall einsetzen und der Leib ein Gegenstand des Ekels ist? Und worin besteht der Nutzen von Wissen und Nächstenliebe, wenn die Wirklichkeit bekannt ist? Zücke das Schwert des Selbst; Vorstellungen des Allmächtigen müssen ohne Unterlaß zerschlagen werden, und Rechtschaffenheit ist genau zu hinterfragen.

Wer immer sein wahres Wesen ein wenig nur studiert, den erforscht das »Selbst« mit seiner außerordentlichen Führung. Er kann alles bezwingen ohne anzugreifen. So wie die Neigung des höchst Lustvollen einhält vor Öffentlichkeit und Tod, so geschieht es mit Moral und Glaube vor der vollkommenen Seligkeit. Ein Blick auf die Wahrheit erhascht wird geboren aus Reinheit in Liebe: wenn der Wunsch ohne Furcht ist; wenn er nicht nach Besitz trachtet; wenn das Denken von Vision erfüllt ist. Das Feuer, das alles Vergnügen ist, wird durch seinen Willen losgelassen, er verkörpert Anziehungskraft, den Polarstern für die Frauen. Wenn das glaubende Prinzip des Glaubens entleert ist, findet die Verwirklichung der

Identifizierung mit der Wirklichkeit (Freiheit) statt. Für sie liegt keine Gefahr in Nachlässigkeit, da es keine Unterscheidung gibt. Für ihn, der sich des geringsten Unterschiedemachens bewußt ist, gibt es Furcht. So lange da Selbsttadel oder Schuldbewußtsein wahrgenommen werden, keimt auch der Schmerz: Freiheit gibt es nicht. Er, der an irgendetwas von dem glaubt, was er wahrnimmt oder sich vorstellt, verfällt der Sünde. Indem er glaubt, ohne dabei Beunruhigung zu empfinden, Vorstellungen hinsichtlich des Äußeren oder Inneren vergessend, betrachtet er alles als Selbst und verkörpert den Bewußtseinszustand des Nicht-Widerstands, hat keinen Horizont: er ist frei. Beim Anblick von sternengleich glänzenden Augen, von Mündern wie Rosenknospen, von Brüsten und Lenden schöner Frauen wirst du liebevoll berührt, wenn du dich aber fürchtest, denkst du immerfort, daß sie nichts sind als verkohltes Fleisch und dein eigen Gebein nach der Folter. Der Raum zwischen dem Ewigen und dem »Selbst«, stellt er nicht selbst eine Morallehre dar? Indem man alles ablehnt, woran man glaubt, und indem man geschäftig und sorglos nicht glaubt (durch den »Neither-Neither«-Prozeß), wird das Prinzip einfach und kosmisch genug, um das miteinzubeziehen, was du dir schon immer gewünscht hast, und du bist frei das zu glauben, was unmöglich gewesen. Das Verlangen ist so mächtig, es bittet nicht um Erlaubnis und leidet keine Konsequenzen außer der Ekstase, es zu vereinnahmen. Nichts vermag gegen es zu bestehen, es brennt so heftig wie in den Kamin geworfenes Zelluloid - wie die alte Torheit, Dinge um eines vorgestellten »anderen« willen zu versprechen. Vor uns liegt die Freiheit des Himmels, der Weg, die Wahrheit und das Licht, und niemand wagt es, dies über sich zu sagen, denn durch mich, in Wahrheit bin ich allein »Selbst«, mein Wille, nicht an Bedingungen geknüpft, ist magisch. Jene, die intensiv ihrem Wesen entsprechend gelebt haben, werden in gewissem Ausmaß mit solch einer Empfindung vertraut sein, so armselig sie auch sei.

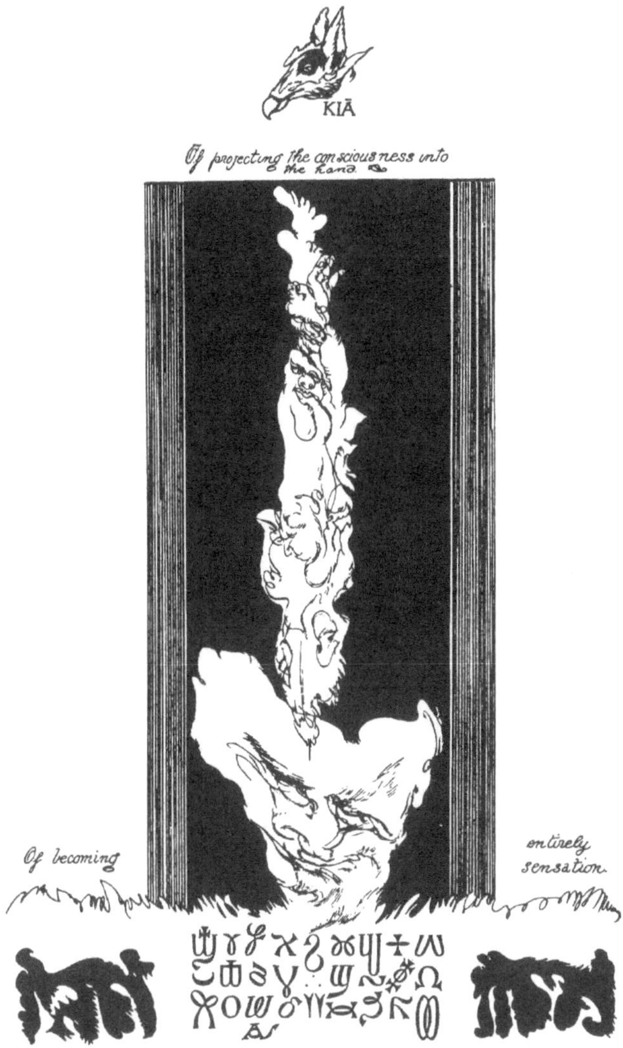

Abb. 10: VISION DURCH DEN TASTSINN

Vorwort zur Selbst-Liebe

Seien wir doch einmal ehrlich! Du bist »das«, überragend in Freiheit, jenseits von Verlangen, unberührt von den sechs Rauschmitteln. Die Sexualität leistet mühsame Arbeit, so mag der Tod durch das Verlangen ernten. Die flüchtigen Fantasien der Sinne sind gefährlich, um der Rechtschaffenheit willen hast du gelernt, zu gehorchen und sie so zu kontrollieren. Das Feuer der Hölle brennt, weil du dir »Vorstellungen gemacht« hast; und wird aufhören zu verletzen, wenn du das Ego mit all den Möglichkeiten seiner Qualitäten identifiziert hast, indem du im Sinne eines »Neither-Neither«-Prozesses glaubst. Du selbst bist das Feuer - und doch wirst du verbrannt! Weil du Glauben »gewollt« hast (auf eine andere Weise oder nicht, macht keinen Unterschied); der Zyklus des Glaubens setzt sich fort und ist stets gehorsam, also mußt du eines Tages auf andere Weise glauben, und das Feuer wird nicht länger verletzen - bist du gerettet? Gibt es andere Mittel, dich zu verletzen?

****

In jenem Zustand, der nicht ist, gibt es kein Bewußtsein in irgendeiner Hinsicht, daß du »das« (Kia) bist, welches überragend ist jenseits des Rahmens von Definition: es gibt keine Versuchung der Freiheit, »es« war nicht die Ursache der Evolution. Von da befindet »es« sich jenseits von Zeit, von Bewußtem oder Unbewußtem, von allem oder nichts, etc.; das weiß ich durch das »Neither-Neither«, das automatisch jenseits aller Begrifflichkeit liegt, ewiglich frei in jeder Hinsicht. Vielleicht ist »es« nicht mehr undurchschaubar, wenn man fortlaufend darüber nachdenkt und es vage durch die Hand der Unschuld fühlt - aber wer überhaupt versteht denn solche einfachen Bedeutungen? »Es« wird niemals wahrgenommen, da es die unwahrnehmbare Ekstase des »Neither-Neither« ist - stets anwesend und doch verborgen vermöge der Erschöpfung über den Zyklus der Einheit hinweg. Die Gewißheit des Bewußtseins ist immer die Ungewißheit des Wahrgenommenen oder Erfahrenen, gleich in welchem Zustand es sich befindet, der stets bannende Zweifel, Furcht, Schmerz, Verfall und dergleichen - die Ursache für die Evolution, die ewige Unvollkommenheit.

* * * * * * * * * *

O Verlangen, höre! Was Bösartigkeit anbetrifft, so ist das spirituelle Verlangen ebenso verderblich wie das sinnliche. Das Streben nach etwas »Höchstem« ist ein Netzwerk tödlicher Sehnsüchte wegen der Feigheit im Inneren, ergo, es harrt irgendeine unerfüllte Weisheit der Ausbeutung, um das sich daraus Entwickelnde zu erleiden. Es gibt keine endgültige Weisheit - es gibt kein endgültiges Verlangen. Wie kann überhaupt etwas enden? Ist der heutige Tag jemals zu Ende gegangen? Diese Dinge sind Endlosigkeit!

Eine Person begehrt die Dinge dieser Welt - aber wo ist da der Unterschied dazu, die »Höchste Seligkeit« zu begehren? Welches davon ist das selbstsüchtigere? Was gefällt dem Schöpfer wohl mehr? Bist du dir des Willens des Schöpfers gewiß, und bist du dir deines eigenen Verlangens bewußt? Bist du der Schöpfer oder nur du selbst, wenn du dir nachsichtig deine Befriedigungen vor Augen führst?

All diese Wünsche, gleichwie machtvoll, wirst du eines Tages inkarnieren - ja, Photographie. Diese Dinge existieren bereits - sehr bald wirst du spirituelle Photographien (nicht gefälscht) haben - aber nicht mit der Kamera gemacht, die du im Augenblick verwendest. Der Pionier ist immer der alte Narr. Ein Nachgedanke: Einige Geister sind schon photographiert - die Mikroben.

* * * * * * * * * *

Bist du von dem Begehrten jemals frei? Glaube ist ewiges Begehren!

Das Begehren ist seine eigene Grausamkeit, die Kette an der Hand, damit man sich abplacke in irgendeiner - unbekannten - Welt; nichts ist für immer tot, und kein Gedanke stirbt, der Meister wird zum Sklaven - die Position wird ausgetauscht; lange hast du dies geglaubt, es stellt das Fleisch deiner Generationen dar mit dem unbarmherzigsten aller Richter! Geringgeschätzt all deine Reformen, oder umgekehrt all deine Werte!

* * * * * * * * * *

Dieser bleibende Fluch und diese Lästerung - liegt nicht die Erlösung mehr in der Kenntnis des entstehenden unerbittlichen Fronvogts?

Sind nicht all unsere Körper mit des Fluches Blut beschmiert? Ist die Welt denn nicht immer blutig gewesen? Was sind denn unsere Vergnügungen, denn uns auszuruhen, um das Blut des Gemetzels zu trinken? O, ihr entschlossenen Lügner, ihr erkennt nicht einmal die Lüge, die vielleicht die Wahrheit ist!

* * * * * * * * * *

Das Ego ist Begehren, also wird letztenendes alles begehrt und unbegehrenswert, das Begehren ist immer ein vorausschauendes Planen der schrecklichen Unbefriedigtheit, versteckt durch ihre stets anwesende Aufgeblasenheit. Das Jahrtausend wird kommen und schnell vergehen. Die Menschen werden größer sein als die Götter, die sie je wahrgenommen - noch größere Unzufriedenheit wird vorherrschen. Du bist, was du warst - aber du könntest es in einer anderen Gestalt sein!

* * * * * * * * * *

Eine Person oder ein Volk, gleich wie wesenlos oder genügsam, verfällt unmittelbar dem unbekannten und unvermeidlichen Verlangen, das den Menschen Stück für Stück durch jene Bedingungen verzehrt - durch jede Bedingung!

Das Gemüt wird stetig in seinem Begehren durch das Begehren in Hingabe, aber wenn verwirklicht, ist es dann ewig begehrenswert (oder auch nur für einen Zeitraum von einer Million Jahren)? Im Himmel wird dein Fuß angekettet sein! Deshalb gib die Vorstellung auf, jenes Verlangen sei rein oder unrein oder habe Vollkommenheit - gib es durch das »Neither-Neither« auf. Sogar ungeachtet der Tatsache, ob das Verlangen der Erschöpfung des Verlangens durch das »Neither-Neither« oder der Verwirklichung in einer Lebensgefährtin dient - es bleibt ein Verlangen - dessen endlose Entfaltung. Deshalb gib Verlangen in jeglicher Form durch das »Neither-Neither« auf. Gib die Illusion auf, daß es Geist und Nicht-Geist gibt (dieses Konzept hat noch nie vorteilhafte Ergebnisse gezeitigt). Gib alle Vorstellungen mit Hilfe des selben Werkzeugs auf.

Solange da die Idee vorherrscht, es gebe »zwingende Bindung« in dieser Welt oder auch nur in Träumen, existiert eine solche Bindung auch. Gib die Vorstellung von Freiheit und Bindung in jeder Welt oder jeglichem Zustand durch Meditation auf die Freiheit in Freiheit durch das »Neither-Neither« auf.

Denn dies wissen wir - Vampirismus ist ja zur Genüge und hinreichend bewiesen - daß, genau der deftigen Vermutung entsprechend, wann immer Blut gesaugt wird, es durch Vampir-Fledermäuse erfolgt, wobei wir von der Möglichkeit, daß es durch menschliches oder göttliches Einwirken erfolgt, gar nicht sprechen wollen!

Deshalb begehrt der Kiaist mit Hilfe des »Neither-Neither«, jener höchst ausgezeichneten Formel weit jenseits von Genügsamkeit, das allumfassende Vakuum, das »alles« auf den gesunden Menschenverstand reduziert, und auf welchem das Universum ruht.

Deshalb glaube nichts in diesem Buch durch das »Neither-Neither« und verbanne das Konzept des »Neither-Neither« durch das »Neither-Neither« und glaube, daß es nicht »nicht notwendig« oder die Schlußfolgerung daraus ist, daß du dir dein Vergnügen nimmst, weil es »nicht sein muß - nichts macht«.

Man glaubt dies »die ganze Zeit über« als die Wahrheit des »Willens«. Nicht an die Sache wird geglaubt, da das Werkzeug für einen Zweck die Entfaltung endloser Werkzeuge beinhaltet.

In jener höchst bemerkenswerten Einfachheit existiert kein Anfang oder Ende von Weisheit oder von irgendetwas, also wie kann sie dann auf Vorstellung und Intelligenz bezogen werden?

Abb. 11: DIE DAUMENSTELLUNG DER HAND

Abb. 12: AUGE DER EKSTASE

Selbstliebe als eine Moralische Lehre und Tugend

Das Kriterium für das Handeln ist die Freiheit der Bewegung, die Zeitlosigkeit des Ausdrucks, das Sich-Vergnügen. Der Wert einer Morallehre liegt in der Freiheit, sie zu überschreiten. Einfachheit halte ich für äußerst wertvoll. Sind nicht die einfachsten Dinge auf der Welt die vollkommensten, reinsten, unschuldigsten und ihre Eigenschaften die wunderbarsten? Von da ist Einfachheit die Quelle der Weisheit. Weisheit ist genau betrachtet Glückseligkeit. Mich in Liebe zu vergnügen - notwendigerweise ohne Rechtfertigung. Ist dies nicht Vollkommenheit? Handlungen pflegen undurchschaubar und unverständlich zu scheinen, wenn sie Übereinstimmung mit der großen Absicht aufweisen. Es gibt nur wenige, die dies verwirklichen können! Wer hat keine Scham? Ekstase in Befriedigung ist die große Absicht. Die Befreiung von der Unabdingbarkeit des Gesetzes, Erkenntnis durch das Verlangen selbst ist das höchste Ziel. Gesetz hängt ab von zweien, zwei sind Fülle, Millionen... Gesetz ist kompliziert. Das zweite hat nicht debattiert, das erste nichts festgelegt, noch wurde es genötigt oder feilgeboten. Eine gute Aussicht im Spiel hat nichts mit Weissagung zu tun; aber auf diese Weise haben wir Fertigkeiten erlangt, genügend, um Dinge gesetzmäßig zu machen... Mache dich bereit für das Ewige, wende dich zur Einfachheit zurück, und du bist frei. Welcher Mensch vermag ohne Antriebskraft zu geben? Nur er, der über eine vollständige Sexualität verfügt. Das höchste Gut ist Selbst-Ernährung. Was werden wir denn in das Selbst miteinbeziehen? Vollkommene Keuschheit führt zu einem Anwachsen, also tut sie allen Dingen Gutes, indem sie nicht gibt. Welcher Mensch kann Vertrauen ohne Furcht haben? Nur er, der keine Pflicht erfüllen muß. Wenn das Vertrauen schwindet, dann schwindet die Pflicht gegenüber den moralischen Lehren, wir sind frei von Sünde und halten auf ewig in all-verzehrender Liebe aus. Welcher Mensch kann mit Gewißheit wissen? Nur der, der die Notwendigkeit zu lernen ausgelöscht hat. Wenn die Lehrer selbst sich überwerfen, worin besteht dann der Sinn, von ihnen zu lernen? Die Weisen sind nicht zänkisch und haben kein Dogma zu offenbaren... lieber sind sie still wie ein Neugeborenes während des Säugens. Welcher Lehrer kann die Quelle der Weisheit zeigen? Es ist, weil ich ohne zu lernen weiß; ich kenne die Quelle und kann Lektionen geben ohne zu lehren. Wissen ist nur das Exkrement der Erfahrung: Erfahrung wiederum dessen Wiederholung. Der wahre Lehrer pflanzt kein Wissen ein, sondern zeigt ihm dessen Überreichlichkeit. Indem er sein Blickfeld frei hält, führt oder lenkt er ihn einem Kinde gleich hin zum Grundlegenden. Nachdem er ihm die Quelle der Weisheit gezeigt hat, zieht er sich zurück, bevor Dankbarkeit oder Empfindelei einsetzen, und läßt ihn zurück sich zu befruchten, wie er es wünscht. Ist nicht dies der Weg des Himmels? Er, der seiner natürlichen Genialität vertraut, hat keine Kenntnis von deren Ausmaß und vervollkommnet sich mit Leichtigkeit, aber sobald er zweifelt, wird er von der Unwissenheit besessen. Zweifel wird in der unberührten Erde fruchtbar. Er ist nicht länger furchtlos, sondern ein Feigling im Angesicht von Schwierigkeiten, seine eigene Gelehrsamkeit ist die Furcht. Der Unterschied zwischen Genialität und Unwissenheit ist das Ausmaß der Furcht. Der Anfang von Weisheit ist die Furcht vor der Vorsorge - das Aufnehmen von Wissen im Lernen. Kinder zweifeln und schrecken vor dem Lernen zurück. Warum eigentlich, wo doch sogar das Wohlwollen der Beherztheit in Schlauheit resultiert! Der Unterschied zwischen Gut und Böse ist eine Frage der Gründlichkeit. Was steht dir näher, die Selbst-Liebe mit ihrer Unsterblichkeit oder Liebe und Moral? Sich des Lohns nicht bewußt - der Kamerad des Himmels, und beständige Glückseligkeit in Weisheit ist die Fähigkeit, die Richtung zu bestimmen. Aus der Selbst-Verleugnung, aus der Selbst-Erhöhung wachsen wir über die Unfähigkeit, die Furcht zu bedrängen, hinaus: ins Lächerliche gezogen wird die Zerstörung der Unterwürfigkeit in Reue.

Diese »Selbst-Liebe«, die nicht gibt, sondern glücklich ist zu empfangen, ist die wirkliche Möglichkeit der Befreiung von der Gier, von dem militanten Amüsement des Himmels. Er, der die animalischen Instinkte der Vernunft unterordnet, verliert schnell die Kontrolle. Sind die Tiere, die wir im Zirkus sehen, nicht durch Folter gebändigt? Und töten die Tiere, in Liebe großgezogen, nicht ihre Herren? Der Weise umarmt und nährt alle Dinge, aber er wirkt nicht als ein Meister. Nur, wenn Leidenschaften von nicht mit ihnen in Verbindung stehenden, äußeren Dingen beherrscht werden, sind sie eine Gefahr. Kontrolle entsteht, indem man es den Dingen überläßt, sich ihre eigene Erlösung zu erarbeiten - sobald wir uns einmischen, identifizieren wir uns mit ihrem Begehren und sind ihm unterworfen. Wenn das Ego Selbst-Liebe sieht - es herrscht Frieden - wird es der Seher. Sobald wir etwas begehren, haben wir alles verloren; »wir sind«, was wir begehren, und werden es somit nie erlangen. Begehre nichts, und da ist nichts, was du nicht verwirklichen sollst. Das Begehren ist auf Erfüllung aus, die dem innewohnende Empfindung, daß es die »All-Glückseligkeit« ist, die All-Weisheit in fortwährender Harmonie. Aber sobald wir etwas begehren, sind wir Lügner - und werden mit dem Schmerz identifiziert, obzwar Vergnügen und Schmerz ein und dasselbe sind. Deshalb glaube an nichts, und du wirst zu einer Einfachheit zurückgekehrt sein, die nicht einmal in der Kindheit erreicht war. Der Narr fragt, wie? - da wir ja an Schmerz und Vergnügen glauben müssen. Nun, wenn wir sie (Schmerz und Vergnügen) simultan erleben könnten und uns fest an ein Prinzip halten, das aufsteigt, das dem Ego ein Schwingen zwischen diesen gestattet, sollten wir damit die Ekstase nicht erreicht haben? Nun ist der Glaube das »Ego«, gleichwohl er es vom Himmel trennt, wie dein Leib dich von dem eines anderen trennt... Deshalb ist, indem der Glaube in der »Nicht-Notwendigkeit« (wenn man sich etwas vorstellt) zurückgehalten wird, das Ego frei. Die Empfindung des Lachens ist Erschöpfung, das frühe Erleben - von da vereinigt er, indem er diese Empfindung im Augenblick der Vereinigung[25] zu einem »mentalen Zustand« macht, Schmerz und Vergnügen werden simultan erlebt, und sein Vorhaben transzendiert durch die »Nicht-Notwendigkeit«

25 Der geschlechtlichen; in der Tat von allem.

seines Glaubens die Welt und erlangt die absolute Ekstase. Es gibt keinen Ort, den Schmerz oder Tod betreten können.

Das Bild von Gott ist die Ursünde, alle Religionen sind von Übel. Die Selbst-Liebe ist ihr eigenes Gesetz, das ohne Strafe gebrochen werden kann, da sie die einzige Energie darstellt, die nicht sklavisch ist, da sie ihrer eigenen, immer bereiten Absicht dient. Gewiß ist dies alles, was uns geblieben ist, was keine Sünde hat und frei ist? Wahrlich, sie ist das einzige Ding, dessen uns bewußt zu sein wir auf uns nehmen. Er, der sich wahrhaft sein Vergnügen nimmt, ist ohne Tugend und wird alle Menschen befriedigen. Haß, Eifersucht und Mord sind Zustände der Liebe, so wie Tugend, Gier, Selbstsucht, Selbstmord etc. Zustände dessen sind, daß man das eigene Selbst nicht befriedigt. Es gibt keine Sünde, die mehr krank macht als die Liebe, denn sie ist die reine Essenz der Begierde und die Mutter aller Sünde, von da hat sie die meisten Anhänger. Selbst-Liebe allein ist rein und ohne eine Gemeinde.

Er, der sich vollkommen selbst liebt, führt nur Selbst-Liebe herbei. Darin ist er unerbittlich, aber er vergeht sich nicht wie andere Menschen. Er ist seelenverwandt mit der großen Absicht, seine Handlungen werden für ihn erklärt, Gutes erwächst aus seinem Übel ohne zu wissen, alle sind mit seinem Willen zufrieden. Vereinigen sich Himmel und Erde nicht täglich in spontaner Ehrbezeugung gegenüber diesem Willen zur Selbst-Liebe? Kein Mensch kann größere Selbst-Liebe zeigen als durch das Aufgeben all dessen, was er glaubt. Weshalb ich diese Selbst-Liebe über alles stelle? Ist es nicht so, weil ich frei sein kann, an das Böse zu glauben, aber kein Gedanke in mir ist, daß irgendetwas mich verletzen könnte? Alles ist Selbst-Liebe, die Menschen der Welt, wenn sie es nur wüßten, sind ihre Anhänger. Mein neues Gesetz ist der große Schlüssel zum Leben. Wenn die Welt dies verstehen könnte, das verrottete Gewebe abgestoßen wäre, würden sie emsig dem Weg in ihren eigenen Herzen folgen, gäbe es kein weiteres Verlangen nach Einheit... Versuche es und stelle dir vor, was das impliziert.

Mag das Bild von Gott vergehen und mit ihm die Frauen; haben sie beide mich nicht wie einen Tölpel dastehen lassen? Laß keinen Fehler darin sein, Reinheit und Unschuld ist Einfachheit, Glückseligkeit ist Weisheit. Was einfach ist, hat keine Dualität.

Abb. 13: Das Selbst in Ekstase

Abb. 14: DIE ERLEUCHTUNGSVISION DES SELBST

Die Lehre von der ewigen Selbst-Liebe

Nun, die Selbst-Liebe ist erklärt worden. Sie stellt die Vollendung des Glaubens dar. Das »Selbst« ist das »Neither-Neither«, nichts ausgelassen, unauflöslich, jenseits von Voreingenommenheit; die Zersetzung des Konzepthaften vermöge dessen eigener unbesiegbarer Liebe ist das einzig Wahre, Sichere und Freie. Verlangen, Wille und Glaube hören auf, getrennt voneinander zu existieren. Anziehung, Abstoßung und Kontrolle sind darin enthalten, werden zur ursprünglichen Einheit, träge im Sinnlichen. Es gibt keine Dualität. Es gibt kein Verlangen nach Einheit. In diesem Augenblick ruht es (das dualistische Prinzip) in seinem unmodifizierten Zustand. Der Glaube ist nicht länger den Vorstellungen unterworfen, indem er das »Selbst« als solches durch das Lieben begreift. Zu anderen Zeiten erschafft es[26] ein Zentrum, wird zu dessen Umgebendem, Begriffsvermögen wird erschaffen, Unterwerfung unter das Gesetz und das unersättliche Verlangen nach Einheit, insoweit als die Dualität Einheit ist. Die Unterwerfung unter das Gesetz ist der Abscheu des Himmels. Selbst-Liebe allein ist die ewige All-Sinnlichkeit durch Meditation über dieses strahlende Selbst, das mystisches Frohlocken ist. In diesem Augenblick der Seligkeit ist er punktuell in seiner Imagination, welche Glückseligkeit ist an jenem Tage die seine! Ein lebenslustiger Unschuldiger, jenseits von Sünde, ohne Verletzung! Durch Empfindung ins Gleichgewicht gebracht,

26 Es, das »Neither-Neither« emaniert ein Tetragrammaton von Bezügen, die Geschlechter derselben entwickeln sich durch ihre kreuzförmige Reflektion, und diese sind in ihrer Identität flüchtig. In ihrer Verschmelzung erzeugen sie Einheit (Dualität), erlangen Vorstellungskraft. Sich durch weitere Unterteilung fortpflanzend, umfassen sie die Ewigkeit, in ihren mannigfachen Verästelungen liegt Gesetzmäßigkeit.

ist eine Brechung seiner Ekstase alles, dessen er sich als Äußeres bewußt ist[27]. Seine Leere erzeugt eine doppelte Brechung, »Er«, der Selbst-Strahlende, leuchtet in das Ego hinein. Jenseits von Gesetz und der Gast auf dem »Fest der Hypersinnlichen[28]«. Er hat Macht über Leben und Tod[29]. Davon abgesehen ist er nicht jenseits von Selbstzweifel; wahrlich aber hat er all die Kümmernisse der Welt aufgelöst, den Vernichter aus dem Blitzschlag. Selbst-Liebe, die das Gemüt von Konzentration abhält, ist Identität ohne Form, ist kein Denken als solches; Gesetz und äußere Einflüsse darin enthalten bewirken keine Erregung. Wenn dieses Aufgeben von allem Glauben nur eben diese Absicht widerspiegelt, dann herrschen da Reinheit der Vision, Unbeflecktheit der Berührung, ergo Selbst-Liebe. Wahrlich, Menschen werden geboren, leiden und sterben durch ihren Glauben. Ejakulation ist Tod. Selbst-Liebe ist Bewahrung und Leben.

Der Mensch, der sinnliches Vergnügen in seiner Wahl heraufbeschwört, zieht vom Verlangen etwas ab, sein Verlangen ist ein Teilverlangen, wird weiter unterteilt (Konflikt), niemals ist seine Energie vollständig. Da er über keinen wahren Brennpunkt verfügt, wird er hinsichtlich seiner Kraft getäuscht und erlangt nichts als ein Maß an Sinnenfreude von seinem Leib. Wie schwer ist die Strafe nach seinem Erfolg! Sinnlichkeit wird zur Illusion. Durch bittere Notwendigkeit, »sein Werkzeug«, ist er an Ursache und Wirkung gebunden und wird dem Fegefeuer auf dem Scheiterhaufen des sittlichen Anstands gleichen. Diese Selbst-Liebe ist die einzig ungeteilte Energie, alles andere ein Verhüllen von Unzufriedenheit, das Hypothetische im Verlangen, das es verschleiert.

Der Mensch im Elend seiner Illusionen und unerfüllten Wünsche schwingt sich auf zu anderen Religionen und Lehren, sucht erneut Täuschung, ein Schlafmittel, ein Linderungsmittel, durch das er im Zustand der Erschöpfung neues Elend erleidet. Der Preis für die Heilung sind neue Illusionen, eine größere Verwicklung, eine noch starrere Umhüllung.

---

27 D.h. sein Regenbogen.

28 Das Kapitel über Selbst-Anziehung ist ausgelassen.

29 Dies ist die Prüfung. Derjenige, der zweifelt, wird sich naturgemäß unterwerfen.

Nachdem ich alle Mittel und Wege zur lustvollen Sinnlichkeit studiert und immer und immer wieder gründlich darüber nachgedacht habe, wurde diese Selbst-Liebe von mir als das einzig Freie, Wahre und Vollkommene befunden, nichts ist gesünder, reiner und vollständiger. Es gibt da keine Täuschung; wenn in diesem Sinne alle Erfahrung zuverlässig erlebt wird, alles auf erhabene Weise schön und außerordentlich liebenswert ist, wo ist dann ein Bedarf an anderen Werkzeugen? Wie der Trinker es für sein Glas tut, so sollte alles dafür geopfert werden. Diese Selbst-Liebe wird nun von mir zum Werkzeug erklärt, um Millionen von Ideen für das sinnliche Vergnügen ohne Liebe zu entwickeln, und auch ohne deren Synonyme - Selbsttadel, Krankheit, Alter und Tod. Das Symposium über das Selbst und die Liebe. O! Weiser Mensch, nimm dir dein sinnliches Vergnügen.

Abb. 15: DIE DAUMEN-KONZENTRATION

Das vollständige Ritual und die Lehre der Magie

Ekstase in Selbst-Liebe, die Besessenheit.

Meine Teuersten, ich will euch nun die einzig sichere und wahre Formel erklären, die Zerstörerin der Finsternis in der Welt, das geheimste aller Geheimnisse. Möge sie ihm, der es erlangen will, ein Schlüssel sein. Möge sie, abhängig von seiner Vorstellungskraft, einen jeden Zeitraum erfassen. Es gibt keine Qualifikation[30], kein Ritual und auch keine Zeremonie. Denn seine bloße Existenz symbolisiert alles, was zur Vervollkommnung vonnöten ist. Es sei nachdrücklich betont, es bedarf keiner Wiederholung oder billigen Imitation. Du lebst!

Magie, das Reduzieren der Requisiten auf das Schlichte, wobei diese veränderbar gemacht werden, um sie dann erneut durch Ausrichtung nutzbar zu machen, ohne Kapitalbildung, viele Male Frucht tragend. Wisse, daß das Grübeln über das Bewußtsein und die Konzentration deren Widerstand und Ohrenbläserei darstellt, das endgültige Verwirklichen von Idiotie. Gleich, ob dies nun um des eigenen Vergnügens oder um der Macht willen geschieht, die Erfüllung des Verlangens ist seine Absicht, und dementsprechend wird er dann seine Magie ausrichten. Laß ihn auf einen

30 Da das Werkzeug die Einfachheit ist, ist er vergleichsweise frei, sich seine eigenen Qualifikationen und Schwierigkeiten zu erschaffen, d.h. magische Zurückgezogenheiten sind absurd und beweisen sofort seine Unfähigkeit: die Nicht-Existenz dessen, was zu beweisen seine Absicht war. Auf der Stelle setzt er sich seine Grenze und Abhängigkeit.

Wunsch warten, der in seiner Intensität analog dazu ist[31], dann opfere er diesen Wunsch (oder seine Erfüllung) dem ursprünglichen Wunsch, dadurch wird er organisch, wird zum Ertrag. Die Befreiung vom Gesetz hat er damit nicht erlangt[32]. Von daher soll er auf einen Glauben warten, der abgezogen werden kann, auf jenen Zeitpunkt, wenn Desillusionierung stattgefunden hat[33]. Wahrlich, Enttäuschung ist die Gelegenheit für ihn. »Diese vom Glauben befreite Wesenheit« und sein Wunsch sind vereint für seine Absicht durch das Verwenden von Sigillen oder Heiligen Buchstaben. Indem man das Bewußtsein in einen Teil hineinprojiziert, wird die Sinneswahrnehmung, die keine vielfache ist, intensiviert. Durch das Zurückhalten von Verlangen, abgesehen von jenem nach dem Objekt, wird dies erreicht (im psychologischen Moment richtet sich dies von selbst ein).

Durch den Nicht-Widerstand (unwillkürliches Denken und Handeln) finden Sorge und das Wahrnehmen von Nicht-Erfüllung, da sie flüchtiger Natur sind, keine dauerhafte Wohnstatt: Er begehrt alles. Furcht besiegt den Zweck, sie hält den Wunsch zurück und gibt ihn preis. Bewußtes Verlangen übt keine Anziehungskraft aus. Das Gemüt ruhig und fokussiert, unbehelligt von äußeren Bildern, verzerrt die Sinneseindrücke nicht (es gibt keine Halluzination; es wird dann in erfinderischer Erfüllung enden), sondern verstärkt den vorhandenen Wunsch und verbindet ihn im Geheimen mit dem Objekt.

Den Schatten werfen.

Das Ego ist nicht in dem Zustand, wo es alles vergißt, und er soll ausschließlich die Form des Sigils festhalten und es visualisieren, es ist sein Kelch, das Werkzeug für Leere und Inkarnation. Indem er eine analoge Empfindung in diesem Augenblick vorsieht, ordnet

31 Schlicht auf ein natürliches Verlangen.

32 Dies ist eine kurze Formel für jene, deren Glaube zur Gänze im Gesetz liegt, die Familienväter sind, die ihren Wünschen nachjagen. Die Formel hat sich für einen jeden Zweck bewährt.

33 Illustration: Der Verlust von Vertrauen in einen Freund oder eine Vereinigung, welche die Erwartungen nicht erfüllt hat.

er das Gesetz ab (Reaktion). Wundertätig ist er, Gleichgewicht ist in dieser nachgebildeten Welt (erlangt) nicht vorhanden. Alles andere Bewußtsein mit Sicherheit ausgelöscht, der Träger stark genug für die Ekstase, ist er jenseits von Schmerz. Nun soll er sich vorstellen, eine Vereinigung finde statt zwischen ihm selbst (die mystische Vereinigung des Ego und des Absoluten). Der Nektar ausgestoßen, soll er ihn langsam trinken, wieder und wieder[34]. Nach dieser erstaunlichen Erfahrung ist seine Leidenschaft unvergleichlich, es gibt nichts auf der Welt, das er noch begehrt: es sei denn, es ist sein Wille. Dies ist, weshalb die Leute mich nicht verstehen. Die Ekstase in dieser Empfindung umfaßt alle Dinge. Kenne dies als den Nektar des Lebens, den Göttertrunk von Sonne und Mond. Wahrlich stiehlt er das Feuer vom Himmel: der größte Akt der Tapferkeit auf der Welt. Das selbstbezogene Denken, außer in der Brechung[35] der Ekstase, bedeutet Preisgeben und Tod, es wird dabei zu einer vorherrschenden Besessenheit, indem die Kontrolle einer früheren Erfahrung übergeben worden ist, wobei man sich dieser wiederum über das momentane Finden von Befreiung aus deren roher Gesetzmäßigkeit hinweg überbewußt ist; auf diese Weise wird dann eine doppelte Persönlichkeit (Wahnsinn) geschaffen.

Durch dieses Werkzeug gibt es über die Erfüllung hinaus kein Verlangen mehr, keine Erlangung ist zu fantastisch, und dies hängt ab von der Menge freien Glaubens[36].

Die Menschen von geringer Sinnlichkeit und mit wenig Unternehmungsgeist, unserer Absicht nicht bewußt, bekrittelnde, geizige, sündige, die nicht ohne Frauen leben oder ohne Schmerz genießen können, furchtsame, unbeständige, kranke, runzlige, abhängige, grausame, getäuschte und Lügner sind die schlimmsten unter den Menschen! Wisse, o Herr, o geliebtes Selbst, ich habe euch nun von jener geheimsten Taverne berichtet, in welche die Leidenschaft

34 Wenn es physisch wird, soll er sich den Leib eines anderen vorstellen - er hat jenes Sigil für dessen Erscheinen. Dies wird er, auch wenn es nicht der ursprünglichen Absicht entspricht, als außerordentlich reizvoll empfinden.

35 Das Lachen in diesem Fall.

36 Dies mag vollbracht werden, indem man das Verlangen auf ein Sinnesorgan bezieht, von da - wenn diese Formel das Ohr als Vehikel benutzt - hört man die überweltlichste Musik, die je wahrgenommen ward, welche die Stimme und der Einklang aller vorstellbaren menschlichen und tierhaften Existenz ist: und so mit jedem Sinnesorgan.

geht, wenn die Jugend hinfort ist, in der ein jeder Mensch vom Nektar der überaus wohltuenden und unentgeltlichen Ekstase trinken darf. Das vergnüglichste Nahrungsmittel, das niemandem schadet.

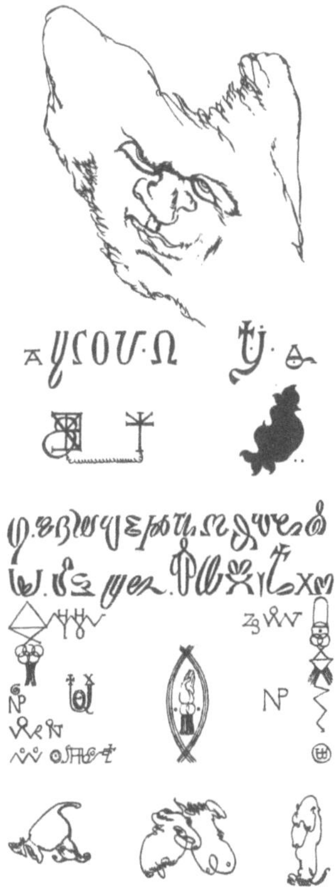

Abb. 16: INKARNIERENDE BESESSENHEITEN

Abb. 17: Der Moment der Besessenheit

Eine Anmerkung zum Unterschied zwischen Magischer Besessenheit (Genius) und Wahnsinn

Magische Besessenheit ist jener Zustand, in welchem das Gemüt erleuchtet ist durch eine unbewußte Aktivität, die durch eine Formel unseres eigenen Maßes, z.B. für Inspiration, bewußt heraufbeschworen wurde. Sie ist der Zustand des Genius.

Eine andere Besessenheit ist die, wenn »der Blinde den Blinden« führt, verursacht durch Apathie, bekannt als Mediumismus, ein Öffnen des Ego gegenüber jedem (was man so bezeichnet) äußeren Einfluß, gegenüber Elementalen oder entkörperlichter Energie. Ein transmutiertes Bewußtsein, dieses stellt einen Widerstand gegenüber »wahrer« unbewußter Aktivität dar, da es sich dabei um einen vorsätzlichen Wahnsinn handelt, ein Schlafwandeln des Ego mit »keiner Form« oder Kontrolle, um es zu führen: von da sind die aufkommenden Emanationen in ihren hypnotischen Eingebungen dümmlich, oder es handelt sich um Erinnerungen aus der Kindheit.

Besessenheit ist bekannt als oder bezogen auf eine Erfahrung, die von der Persönlichkeit (Ego) vermöge irgendeiner Art von Ablehnung dissoziiert ist. Sie ist sub-kristallin und kann nicht dauerhaft an das Unbewußte gebunden werden, da sie sich nicht durch Verwirklichung erschöpft oder verwirklicht hat. Abhängig vom Grade der Intensität und des Widerstands, der in dem einen oder anderen Augenblick gezeigt wird, hat das Ego Kenntnis von der Besessenheit oder auch nicht; immer ist der Ausdruck ein autonomer, losgelöst von der persönlichen Kontrolle, der Macht zu richten oder zeitliche Bestimmung zu treffen. Die Konzentration bestimmt die Dissoziation. Schwärmerische Begeisterung für eine Sache, durch Identifizierung nach Vervollkommnung trachtend, opfert alles andere, oder verdrängt es absichtlich. Deren Loslösung vom Ego (wobei sie entsprechend gleichrangig wird oder über eine größere Gestalt verfügt als der Rest des Bewußtseins, und damit eine Unterteilung oder »doppelte Persönlichkeit« verursacht) ist bedingt durch die ihr eigene Intensität oder durch den Schock des Widerstands, der wiederum durch irgendeine Unvereinbarkeit des Gewünschten oder Wunsches bestimmt wird.

Konzentration ist ein unbefriedigtes Verlangen, ein Konflikt, der wegen des verwendeten Werkzeugs nie zufriedenstellend gelöst werden kann. In welchem Fall das Ego, das anscheinend das Werkzeug für die Erfüllung nicht zur Verfügung hat oder kennt, nach Verzerrung, Unterdrückung, vorgestellter Erfüllung oder Transmutation trachtet, um der quälenden Sorge zu entfliehen. Keines von diesen bedeutet eine Annihilation des Verlangens oder der Besessenheit, sondern nur die entsprechende Loslösung oder das Verbergen seiner frühzeitigen unbewußten Existenz vor dem Rest des Ego. Es wird dort nur festgehalten, wenn die Widerstandskraft aktiv ist, wenn die Widerstandskraft schläfrig ist, dann wird die Kontrolle der vorherrschenden Besessenheit übergeben, wodurch deren Inkarnation und ein Zugrunderichten des Ego, das leben und seine emotionale Erfahrung machen muß, zugelassen wird. Krankheit und Wahnsinn (aller Wahnsinn ist Krankheit) werden ausgelöst, wenn die entkörperlichte Energie keine lebenswichtige Funktion erfüllt. Diese Energie ist es, die für die Belebung des Sigils nutzbar gemacht wird.

Abb. 18: REALISIERUNG DES KARMA

Sigille

Die Psychologie des Glaubens.

Wenn der »höchste Glaube« unerkannt bleibt, ist das Glauben fruchtlos. Wenn »die Wahrheit« noch nicht ermittelt worden ist, ist das Studium von Wissen unproduktiv. Sogar wenn »sie« bekannt wären, ist ihr Studium sinnlos. Das Objekt sind wir nicht vermöge der Wahrnehmung, sondern indem wir es werden. Die Torwege der Sinne zu verschließen ist keine Abhilfe. Wahrlich werde ich den gesunden Menschenverstand zur Grundlage meiner Lehre machen. Wie sonst könnte ich meine Worte dem Tauben vermitteln, meine Vision dem Blinden und meine Empfindung dem Leblosen? In einem Labyrinth aus Metapher und Worten ist die Intuition verloren, deshalb muß die Wahrheit über das eigene Selbst ohne diese zu bemühen von ihm gelernt werden, der allein die Wahrheit kennt... von dir selbst.

Von welchem Nutzen ist die Weisheit der Unbeflecktheit für ihn, der vom Verführer, der Unwissenheit, vergewaltigt worden ist? Welchen Nutzen haben die Wissenschaften oder jegliches Wissen außer als Medizin? Ein verborgener Schatz kommt nicht auf ein Wort hin und auch nicht, indem du mit deinen Händen an der Hauptstraße gräbst. Sogar mit dem rechten Handwerkszeug und der genauen Kenntnis der Stelle, etc., mag es nur die Erlangung dessen bringen, was du schon seit langem besaßest. Ein großer Zweifel herrscht, ob der Schatz überhaupt verborgen ist, es sei denn, in den Schichten deiner Erfahrung oder den Wirkungskreisen deines Glaubens.

Die treffliche Frage, nun von »Dir« gestellt, sollte von jenen kommen, denen es nach irgendeinem Maß an Genius verlangt. Meine Antwort ist dem mächtigen Keim gleich in Übereinstimmung mit dem Universum, einfach und voll von tiefgründiger Bedeutung und für eine gewisse Zeit außerordentlich unangenehm für deine Begriffe von Gut und Schön. Vernimm aufmerksam, o Strebender, voll Verlangen nach Information, meine Antwort, denn indem du diese Worte lebst, wirst du wahrhaftig frei sein von der Fessel des in der Gemütsbeschaffenheit begründeten Unwissens. Du selbst mußt es leben; ich kann es nicht für dich leben.

Der Urgrund von Genius ist das Erkennen des »Ich« vermöge einer Empfindung, welche die blitzartige Assimilation dessen gestattet, was wahrgenommen wird. Diese Empfindung ist insofern amoralisch, als sie die geistige Angliederung von Wissen ohne die Accessoires des Glaubens zuläßt. Die Bedingung dafür ist somit Unkenntnis im Hinblick auf »Ich bin« und »Ich bin nicht« nebst der Zerstreutheit als Glaube. Der hervorragendste solche Zustand ist das »Neither-Neither«, das freie oder atmosphärische »Ich«.

Erinnerst du dich an den Gedanken deiner Jugend, »daß diese Welt ein seltsamer Ort ist«, an das Gefühl, als du »Warum« fragtest - und ob nun diese Welt überhaupt eine sinnvolle Entwicklung darstellt? Welchen Grund hatte dies und welchen die Tatsache, daß du diese Frage schließlich aus deinem Gemüt verdrängt hast? Wiederum das Gefühl, daß der gewöhnlichste Gegenstand auf fantastische Weise seltsam ist, und das vage Empfinden einer Korrelation in all dem Unvereinbaren (erschöpfende Diskussionen berücksichtigen dies, entschuldigen es aber immer); die Neugier und der Schock bei einem tieferen gedanklichen Verbinden all der Wunder der Schöpfung. Was ist es, das dich davon abhält, ein Erforschen dessen, »was genau Überraschung ist«, etc., zu betreiben? Welchen Grund hat es, daß du mehr an Gott glaubst als an Hundekämpfe? Und doch fürchtest du Hunde[37] mehr als Gott! Welcher Unterschied ist zwischen dir, vollgestopft mit beunruhigender Pietät, und der Unschuld eines neugeborenen Kindes? Vielleicht liegt in diesen Dingen die Ursache für die Unwissenheit.

Glaube ist der Fall aus dem Absoluten. Woran also wirst du glauben? Die Wahrheit sucht ihre eigene Negation. Verschiedene Aspekte sind nicht die Wahrheit, noch sind sie für die Wahrheit notwendig. Von ihren Emanationen - welche wirst du bei ihrer Geburt

37 Ein Wortspiel, engl. »dog« und »god«.

erdrosseln? Bist du im Unrecht? Du glaubst an Wahr und Falsch - welche Bestrafung wirst du festlegen? Kannst du dem treibenden »Muß« entkommen? Wer kann der Langeweile entfliehen - ohne Veränderung? Derjenige, der allein bleibt und genügsam ist. Welcher Mensch unter euch ist groß und frei genug, sein »Selbst« zu umfassen? Dein Glaube betäubt das Geschlecht. Ehrgeiz ist gleich Unbedeutendheit - dein gewohntes Umfeld. Bedenke, daß Zeit eine unkundige, geistige Vorstellung des Erlebten ist. Was als die frühe Erfahrung bezeichnet werden kann, war die Vollendung, also kann man ohne Ende davon lernen. Was du morgen lernst, ist bestimmt durch das, was du getan hast - die abgeschlossene Lektion von gestern. Niemals heute zu lernen, was du morgen tun kannst, wird als Nachteil angesehen, ist aber Diebstahl von Zeit, Nutzbarmachung und Verjüngung. Wiederhole diese Verzögerung wieder und wieder, bis daß du zur Spontanität kommst, vielleicht in Sicherheit. Das Geschäft des Lernens (Glaubens) ist der groteske Brutapparat der Verblödung.

Wenn du wahrhaftig glauben könntest, müßten wir die Kraft darin erkennen. Wir sind nicht frei zu glauben... gleich wie sehr uns danach verlangt, da wir widerstreitende Vorstellungen in uns haben, die zuerst erschöpft werden müssen. Sigille stellen die Kunst des Glaubens dar; meine Erfindung, um den Glauben zu einem organischen, ergo wahren Glauben zu machen.

Wenn durch den Wunsch zu glauben dann - notwendigerweise ist dies unvereinbar mit einem bereits existierenden Glauben und wird nicht verwirklicht durch ein Hemmen des organischen Glaubens - die Negation des Verlangens eintritt, bewegt der Glaube keine Berge, bis daß er sich selbst aufgegeben hat. Angenommen, ich wünsche mir, ein großer Mann zu sein (das soll nicht heißen, daß ich dies tue), dann macht es mich nicht groß, »Vertrauen« zu haben und zu glauben, daß ich es bin - nicht einmal dann, wenn ich diese Behauptung bis zum Ende aufrecht erhalte... denn es handelt sich dabei um eine zeremonielle Unaufrichtigkeit, um eine Bestätigung meiner Unfähigkeit. Ich bin unfähig, eben weil dies der wahre Glaube ist und organisch. Anderes anzunehmen ist bloße Heuchelei. Deshalb ist die geistige Vorstellung oder das »Vertrauen« darin, daß ich groß bin, ein oberflächlicher Glaube. Die Reaktion und Verleugnung wird verursacht durch ein verdrießliches Aufwallen der organischen Unfähigkeit. Leugnung oder Vertrauen können dies weder verändern noch vernichten, sondern sind nur die Verstärkung und Erhaltung davon. Deshalb muß der Glaube, um wahr sein zu können, organisch und unbewußt sein. Der Wunsch, groß zu sein, kann nur im Augenblick der Leere organisch werden, und indem man ihm eine (Sigil-)Form gibt. Wenn man sich der Form des Sigils vollkommen bewußt ist (in jedem Augenblick außer dem magischen), sollte es unterdrückt werden, ein bewußtes Streben einsetzen, es zu vergessen, dadurch wird es aktiv und herrscht im unbewußten Zeitabschnitt, seine Form ernährt es und gestattet ihm ein Anhaften an das Unbewußte und wird organisch, dies erlangt ist seine Wirklichkeit und Verwirklichung. Er wird zu seiner[38] Vorstellung von Größe.

So wird der Glaube wahr und lebendig, indem man im Bewußtsein dagegen kämpft und ihm eine Form gibt. Nicht durch das Streben des Vertrauens. Glaube erschöpft sich selbst durch Bekenntnis und Nicht-Widerstand, d.h. Bewußtsein. Glaube, nicht zu glauben, und schrittweise wirst du dessen Existenz erlangen. Da die passende Zeit von deiner Moralität abhängt, gib den Armen. Wenn es die Ehrgeizigen nur wüßten - es ist ebenso schwer, unfähig zu werden, wie groß zu werden. Diese Dinge entsprechen einander als Erlangungen wie die zwei Seiten einer Münze und gleichermaßen befriedigend.

38 D.h. des Ausführenden.

Abb. 19: Die Form der Gedanken und ihr Sigill

Das Unbewußte

Alle Menschen von großem Geist haben ein reges Unbewußtes, und je weniger sie sich dieser Tatsache bewußt sind, desto größer sind ihre Erlangungen. Das Unbewußte wird von dem es erreichenden Verlangen ausgebeutet. So sollte das Bewußtsein den »großen« Wunsch nicht länger beinhalten, hat das Ego den Wunsch erst einmal geäußert: und sollte von einem bewegten Streben nach etwas anderem erfüllt sein, *und nicht in der umgekehrten Reihenfolge*, da die unvermeidliche Strafe für die Feigheit bereits irgendwo lauert: gewiß keine unrühmliche Täuschung? Der große Geist ist wie das Heldentum eine Frage von Tapferkeit - du mußt irgendwie die Furcht oder die Unfähigkeit vergessen... von da ist sein Ausdruck immer ein spontaner. Wie einfach ist es, großen Geist zu erlangen - du kennst das Werkzeug; wer wird den Sprung auf sich nehmen? Das Erlernen des »Wie« ist das ewige »Warum« - unbeantwortet! Solcherart ist ein großer Geist, weil er nicht weiß wie, noch warum.

Das Lagerhaus der Erinnerungen mit einer stets offenen Tür.

Wisse, daß das Unbewußte ein Inbegriff aller Erfahrung und Weisheit ist, von vergangenen Inkarnationen als Mensch, Vogel, pflanzliches Leben, etc., etc., etc., von allem, das existiert, existiert hat und existieren wird. Denn ein jedes davon stellt eine Schicht in der Ordnung der Evolution dar. Naturgemäß also ist es so, daß, je tiefer hinein in diese Schichten wir bohren, desto frühzeitiger werden die Lebensformen sein, zu denen wir kommen; die letzte ist die Allmächtige Einfachheit. Und wenn wir in ihrem Erwecken erfolgreich sind, werden wir ihre Eigenschaften gewinnen, und unsere

Erlangung wird mit diesen übereinstimmen. Da es sich um lang vergangene Erfahrungen handelt, müssen sie vermöge einer äußerst unbestimmten Suggestion evoziert werden, welche nur dann aktiv werden kann, wenn das Gemüt ungewöhnlich still oder einfach ist. Über ihre Weisheit zu verfügen impliziert nicht die Notwendigkeit, ihre Körper zu haben - der Körper verändert sich in Relation zum »Werkzeug« (wir reisen schneller als ein jagender Leopard, haben aber nicht seinen Körper), wenn es um das Werkzeug geht, verändert es sich entsprechend. Nun, wir beobachten die Natur und sehen, die frühen Lebensformen sind wundervoll in ihren Eigenschaften, ihrer Anpassungsfähigkeit, etc.; ihre Kraft ist enorm und einige sind unzerstörbar. Gleich, um welches Verlangen es sich handelt, es ist immer seine eigene Erfüllung. Eine Mikrobe verfügt über die Macht, die Welt zu zerstören (und würde dies gewiß tun, würde sie sich für uns interessieren). Würdest du eines ihrer Gliedmaßen in Stücke schneiden, so würde der verstümmelte Teil nachwachsen, etc. Indem wir also diese Daseinsformen heraufbeschwören und von ihnen besessen oder erleuchtet werden, gewinnen wir ihre magischen Eigenschaften oder das Wissen um ihre Erlangung. Dies ist das, was bereits geschieht (alles geschieht die ganze Zeit), wenn auch extrem langsam; im Streben nach Wissen widerlegen wir es, das Gemüt arbeitet bei einer einfachen Diät am besten.

Der Schlüssel zur Prophetie.

Das Gesetz der Evolution ist ein Regridieren der Funktion, die den Fortschritt des Erlangens beherrscht, d.h. je wunderbarer unsere Erlangungen, desto weiter unten auf der Skala des Lebens die Funktion, welche diese beherrscht. Unsere Kenntnis vom Fliegen ist bestimmt von jenem Wunsch, der die Aktivität unserer Vogelkarmas, etc., bedingt. Unmittelbar, wenn unser Wunsch die Schicht erreicht, welcher jene Daseinsformen angehören, die ohne »Flügel« fliegen können - werden auch wir ohne Maschinen fliegen können. Diese unbewußte Aktivität ist die »schlummernde Fertigkeit«, das »Wissen«; alles andere, das wir uns aneignen, ist von einem negativen oder düngerartigen Wert. Die Tugend zu lernen und Wissen vermöge des traditionellen Werkzeugs zu erlangen, ist der Qual und Enttäuschung nach von jenem Grade, der Erschöpfung erzeugt: dadurch könnte der Wunsch von ungefähr die wahre Wohnstatt des Wissens erreichen, d.h. das Unbewußte. Inspiration geschieht immer in einem Augenblick der Leere, und die größten Entdeckungen sind - Zufälle, gewöhnlich zustandegekommen in einem Erschöpfungszustand des Gemütes. Meine Formel und die Sigille für unbewußte Aktivität sind das Werkzeug für Inspiration, Kapazität oder Genius und das Werkzeug für das Beschleunigen der Evolution. Ein wirtschaftliches System aus Energie und der Methodik des Lernens durch Freude. Einer Fledermaus wuchsen zum ersten Male Flügel der rechten Art durch ihr Verlangen danach, und als dieses organisch genug geworden war, um das Unbewußte zu erreichen. Wäre der Wunsch zu fliegen ein bewußter gewesen, so hätte sie warten müssen, bis sie es mit Hilfe des gleichen Werkzeugs hätte tun können wie wir, d.h. mit Hilfe einer Maschine. Ein jeder große Geist verfügt über eine Art Hypothese (gewöhnlich auf spielerische Weise) in Gestalt eines Steckenpferdes, welches dazu dient, das bewußte Gemüt im Zaum zu halten und zu beschäftigen, um dessen Einmischen in den spontanen Ausdruck zu verhindern. Die Mathematik des großen Leonardo, etc. diente im Sinne einer solchen Hypothese (und im Sinne von Sigillen) dazu, ihn »irrezuleiten«. Unser Leben ist voll von dem Symbolismus jener vorherrschenden Karmas, von denen wir gelenkt werden. Aller Schmuck, unpraktische Kleidung, etc., sind solche (sie bereiten den Leuten Freude, weil sie die Identifikation fühlen) und das Werkzeug, um sie zu lokalisieren (die Karmas). Der Symbolismus, einen Menschen zum König zu krönen, ist, daß er, indem er Gott (auf Erden) ähnelt, die tiefsten Schichten seines Unbewußten erreicht hat (jene der einzelligen Organismen, wenn man will), welche die Oberherrschaft in dem Sinne haben, als sie seine Funktionen steuern. (Selbstverständlich sind jene gekrönten Könige nie solcherart, sie symbolisieren die »Hoffnung«, nicht die Wirklichkeit.) Von da beziehen sich das blumenartige Wesen und die wertvollen Steine im Entwurf der Krone auf die ersten Prinzipien. Er ist König, der das dualistische Prinzip in seiner Einfachheit erreicht hat, die erste Erfahrung, die alle Erfahrung ist .... er hat keine Verwendung für Kronen und Königreiche.

Durch die Sigille und das Erreichen der Leere kann jede vergangene Inkarnation, Erfahrung, etc. in das Bewußtsein heraufbeschworen werden. Es mag sogar im Schlaf in Form von Träumen geschehen, aber dieses Werkzeug ist ein sehr schwieriges. (Kapitel über das Tag- und Nachtträumen um des Vergnügens willen - ausgelassen.)

Vollkommene Leere ist schwierig und unsicher für jene, die von Moral, Komplexen, etc., beherrscht werden, d.h. deren Glaube nicht zur Gänze aus Selbst-Liebe besteht. Von da dieses Erfordernis der Sigille, etc.

Erkenne alles Ritual, alle Zeremonie, jedwede Vorbedingung als willkürlich (du mußt dir dein Vergnügen selbst nehmen), als einen Hemmschuh und ein Verwirrspiel; in ihrem Ursprung zum Amüsement gedacht, später dem Zweck dienend, andere um die Wahrheit zu prellen und Unwissenheit zu induzieren; und, wie es immer geschieht, ihre Hohepriester wurden selbst nur umso mehr betrogen. Er, der einen anderen täuscht - täuscht sich selbst viel mehr. Deshalb erkenne die Scharlatane an ihrer Vorliebe für prächtige Roben, Zeremonie, Ritual, magische Zurückgezogenheiten, absurde Vorbedingungen und weiteren Unsinn, zu zahlreich, um alles aufzuzählen. Ihre ganze Lehre als eine prahlerische Zurschaustellung, eine Feigheit, der es nach Berühmtheit gelüstet; ihren Standard als alles Unnötige, ihr vorprogrammiertes Versagen als garantiert. Von da ist es so, daß jene mit einiger natürlicher Begabung diese mit ihrem Lehren schnell verlieren. Sie können nur dogmatisieren, jenes einpflanzen und vervielfachen, was absolut oberflächlich ist. Wäre ich ein Lehrer, so würde ich nicht als ein Meister auftreten, als einer, der mehr weiß, der Schüler könnte sich nicht auf seine Schülerschaft berufen. Langsam sich aneignend, wäre er sich seines Lernens gar nicht bewußt, er würde den tödlichen Fehler nicht wiederholen; ohne Furcht würde er mit Leichtigkeit zum Erfolg kommen. Die einzig mögliche Art zu lehren ist, einem Menschen zu zeigen, wie er von seiner eigenen Weisheit lernen kann, und wie er seine Unwissenheit und Fehler nutzbar machen kann. Nicht, indem man seine Visionen und Vorsätze durch Rechtschaffenheit verwischt.

Abb. 20: MANIFESTATION DES KARMA

Sigille. Glauben nicht ohne Schutz

Magische Besessenheit.

Ich werde euch nun ihre Erschaffung und Verwendung erläutern; daran ist nichts Schwieriges, wie rein und klar ist es doch[39]. Aus Liebe für meine törichten Anhänger habe ich dies erfunden. Alles Verlangen, ob nun nach Vergnügen, Wissen oder Macht, das seinen »natürlichen« Ausdruck nicht zu finden vermag, kann durch Sigille und deren Formel Erfüllung aus dem Unbewußten finden. Sigille sind das Werkzeug, um den teilweise freien Glauben[40] zu lenken und mit einem organischen Verlangen zu vereinen, sind seine Haltung und Zurückhaltung, bis der Zweck im unbewußten Selbst erfüllt ist, und das Werkzeug für die entsprechende Reinkarnation im Ego. Alles Denken kann durch Form im wahren Verhältnis ausgedrückt werden. Sigille sind die Monogramme des Denkens für das Beherrschen von Energie (jegliches Wappentum, Helmzier, Monogramme stellen Sigille und die sie beherrschenden Karmas dar), bezogen auf die Karmas; ein mathematisches Werkzeug, um

---

39 Durch dieses System weißt du genau, worauf sich (deiner Ansicht nach) dein Sigil beziehen muß. Solltest du blindlings irgendeine Form verwendet haben, so könntest du vielleicht genau das heraufbeschworen haben, was du nicht wolltest - die Mutter des Wahnsinns, oder was sonst immer geschieht, nämlich genau gar nichts. Da dies das einzige System ist, ist jedes Ergebnis, das nicht daraus abgeleitet ist, ein zufälliges. Außerdem brauchst du dich nicht wie ein traditioneller Magier, Zauberer oder Priester zu verkleiden, kostspielige Tempel zu erbauen, unberührtes Pergament zu ergattern, kein Blut eines schwarzen Ziegenbocks, etc. etc., in der Tat keinerlei Requisiten oder sonstigen Humbug.

40 Freien Glauben oder Energie, d.h. ein enttäuschtes Verlangen, das noch nicht Besessenheit ist.

das Verlangen zu symbolisieren und ihm Form zu verleihen, und es hat die Kraft, jegliches Denken und jedwede gedankliche Verbindung mit jenem besonderen Verlangen (im magischen Augenblick) zu verhindern, wobei es der Entdeckung durch das Ego entgeht, so daß es ein solches Verlangen weder beschränkt noch an die entsprechenden vorüberziehenden Bilder, Erinnerungen und Sorgen haftet, sondern eine freie Überfahrt zum Unbwußten gestattet.

Sigille werden erschaffen, indem man die Buchstaben des Alphabetes vereinfacht miteinander kombiniert. Illustration[41]:

Das Wort »Woman« in Sigilform ist:

 oder  oder 

Das Wort Tiger  oder  .

Hat  . Come  . Moon  .

It  oder  , etc. etc.[42]

Wobei die Idee darin besteht, eine einfache Form zu erhalten, die willentlich leicht visualisiert werden kann und keinen allzu großen bildhaften Bezug zu dem Gewünschten aufweist. Die wahre Methode hat eine noch viel größere Kraft, die mit wenigen Worten

41 Es gibt sechs Sigil-Methoden, die in diesem Buch verwendet werden, wobei diese jeweils unterschiedlichen Schichten entsprechen. Die hier aufgezeigte ist illustrativ und stellt die grundlegende Idee von ihnen allen dar, woraus sich jeder nun sein eigenes System entwickeln kann. Notwendige Bedingungen, etc., entwickeln sich in der Folge ganz von selbst. Ferner hat eine Person mehr Schöpfungskraft und Ursprünglichkeit, wenn die Ausdrucksmittel begrenzt sind.

42 Im Englischen wegen der besseren Nachvollziehbarkeit der Zeichnungen belassen. Die Worte sind: Frau, Tiger, Hut, Kommen, Mond, Es. Eine der anderen Methoden beinhaltet es übrigens, jeden doppelt oder mehrfach vorkommenden Buchstaben zu ignorieren, ferner den Rest in dem Sinne zu vereinfachen, daß z.B. ein »I« in einem »M« bereits als bildlich enthalten angesehen wird und nicht eigens gezeichnet werden oder zu erkennen sein muß.

kaum erklärt werden kann, da es sich um das Geheimnis der Gedankenform als Grade der Suggestion handelt, und dessen, was genau in einem Namen steckt. Wir sind uns nun darüber einig, wie ein Sigil anzufertigen ist, und welche Kraft dies hat. Wahrlich, was eine Person vermöge von Sigillen glaubt, ist die Wahrheit und erfüllt sich immer. Man schenkt diesem System der Sigille Glauben, indem man es in einem Augenblick großer Enttäuschung oder Sorge wie ein Steckenpferd betreibt. Durch Sigille habe ich Narren mit Weisheit versehen, die Weisen zu Narren gemacht, den Kranken und Schwachen Gesundheit geschenkt, den Starken Siechtum, etc. Nun, sollte es dich aus irgendeinem Grund nach der Stärke eines Tigers verlangen, würdest du beispielsweise einen solchen Satz gestalten:

»This my wish is to obtain the strength of a tiger.[43]« Sigillisiert ergäbe dies:

This my wish 

To obtain 

The strength of a Tiger. 

Kombiniert als ein Sigil 

oder 

Nun, durch die Kraft dieses Sigils bist du fähig, deinen Wunsch in das Unbewußte (das alle Stärke beinhaltet) zu senden; wenn dies geschehen ist, zieht es dessen Verwirklichung durch die Manifestation des Wissens oder der erforderlichen Macht nach sich.

43 »Es ist mein Wunsch, die Stärke eines Tigers zu erlangen.« Dies ist eines der Lieblingsillustrationen Spares; er hat das Sigil für sich selbst angefertigt, nachdem er sich intensiv mit seinen Hauskatzen, die er 'Tigers' nannte, beschäftigt hatte und von ihrer Kraft, Geschicklichkeit etc. ganz hingerissen war.

Zuerst muß alles Bewußtsein außer in Bezug auf das Sigil ausgelöscht werden; verwechsle dies nicht mit Konzentration - du nimmst einfach nur das Sigil in jedem Augenblick, wenn du zu denken beginnst, wahr. Leere[44] wird erlangt, indem man das Gemüt und den Leib auf die eine oder andere Weise erschöpft. Ein persönliches oder traditionelles Werkzeug ist, je nach Temperament, ebenso zweckdienlich; wähle das angenehmste; diese sollten vorgezogen werden, Mantras und Stellung, Frauen und Wein, Tennis und das Legen von Patiencen oder Spazierengehen und sich dabei auf das Sigil konzentrieren, etc., etc. Nichts davon ist für ihn notwendig, der (wenn auch nur symbolisch) vermöge des »Neither-Neither« für einen Augenblick das dualistische Prinzip (die Begrifflichkeit) überwunden hat. Sein Ego ist befreit von der Schwerkraft. Wenn das Sigil angefertigt wird, mag eine Besessenheit durch die andauernde Vorstellung desselben, seine Verwirklichung in jedem Augenblick in Form einer Eingebung einsetzen. Dies wird erreicht, indem man das Gemüt erneut auf das Sigil ausrichtet, wenn man gerade außerordentlich besorgt ist - der Augenblick der Erschöpfung ist der Augenblick Erfüllung. Im Augenblick der Erschöpfung oder Leere halte nur die Form des Sigils und visualisiere es - schließlich wird es verschwommen sein, verfliegt dann, und der Erfolg ist sicher. Dadurch, daß das Ego nur das Sigil wahrnimmt und nicht in der Lage dazu ist, sich irgendetwas darunter vorzustellen[45], wird alle Energie in ihm fokussiert, das Verlangen nach Identifikation trägt es zu der korrespondierenden Schicht des Unbewußten, seinem Bestimmungsort. Da das Sigil ein Vehikel ist, dient es dem Zweck, das Bewußtsein vor der unmittelbaren Manifestation der (bewußt nicht erkannten) Besessenheit zu beschützen, Konflikt mit jeglichen widerstreitenden Vorstellungen wird vermieden, und keine davon nimmt eine separate Persönlichkeit an. Sie (die Besessenheit) wird entweder schrittweise

44 Dies ist nicht die Passivität des Mediumismus, wo das Gemüt gegenüber allem geöffnet wird, was man als äußeren Einfluß oder entkörperlichte Energie bezeichnet, gewöhnlich zu keinem besseren Zweck als zum Tischerücken. Es gibt viele Wege, um diesen Zustand der Leere zu erreichen: Ich erwähne die einfachsten, es bedarf keiner Kreuzigung. Drogen sind zwecklos. Rauchen und Faulheit sind am schwierigsten.

45 Siehe Vorwort.

assimiliert und organisch, oder sie kehrt zu ihrem ursprünglichen Wohnort zurück, da ja der Zweck der Erleuchtung erfüllt ist. Von da wird das Gemüt durch die Sigille abhängig von der Intensität des Verlangens erleuchtet oder besessen (Wissen oder Macht) von jenem besonderen Karma (der unbewußten Schicht, einer besonderen Daseinsform oder dadurch erlangtem Wissen) bezogen auf das Verlangen, nicht aber von einer Erinnerung oder Erfahrung, die neueren Datums ist. Wissen wird gewonnen durch die Sinneswahrnehmung, die resultiert aus der Einheit des Verlangens und dem Karma. Macht durch »tatsächliche« Belebung und Wiederauferstehung.

Dieses Wissen verläßt seine Schicht in Begleitung der Energie oder des Verlangens, das zum Ego zurückkehrt. Es entgeht dem Widerstand des Ego, indem es sich mit Bildern oder entsprechenden Erfahrungen (im Leben gemacht) verbindet, die im Ego enthalten sind, und kristallisiert sich selbst durch deren Symbolismus. Von da ist die meiste Erleuchtung symbolisch und muß folglich hernach übersetzt werden.

Abb. 21: Die Todesstellung: Symbol vorhergehenden sinnlichen Empfindens

Symbolismus

Wisse, daß Symbole das Werkzeug sind, um das Wissen um dessen Zurückhaltung[46] im Unbewußten willen zu versinnbildlichen, wo es Weisheit erlangt, indem es Analogie in allen Beobachtungen sucht. So wirkt ein Symbol und gewinnt Wissen aus dem »Bewußten«, das Sigil aus dem »Unbewußten«. Was Sigille anbetrifft, so induzieren sie die Unwissenheit des Ego, schenken dem Ego aber eine Flut von Wissen aus sich selbst (dem Symbol). Alles Wissen um bildhafte Vorstellungen, durch Sigille erlangt, sollte wieder in den reinen Symbolismus gekleidet werden (wie hernach gezeigt), um dessen eigene Weisheit zu bestimmen und zu stimulieren. Symbolismus ist also ein Werkzeug, um zu beschleunigen und zu erschöpfen, indem man das jeweilige lebt, anstatt einen Glauben zu unterdrücken, eher selbst so gewählt denn durch eine Notwendigkeit, welche ihrem eigenen zeitlichen Rhythmus dient[47]. Symbolismus ist ein lebendiges und einfaches Werkzeug, um unbewußtes Wissen auszudrücken, eine Vision oder Sinneswahrnehmung, die mit ein paar Worten schwerlich nur oder gar nicht ausgedrückt werden kann. Symbolismus ist seinem Wesen nach entweder willkürlich oder eine wahre Repräsentation auf bildhafte Einfachheit reduziert, analog wenn von etwas Abstraktem.

46 D.h. im Gedächtnis des unbewußten Teils des Bewußten.

47 Alle Bettelarmut, Selbst-Bestrafung, Opfer, etc., sind nur ein Versuch, dem Gesetz der Reaktion oder dem Karma zu entgehen, und indem sie die Lesart dieser Gesetze symbolisieren, hoffen sie auf diesem Weg, der Natur ihre Macht abzuringen. Fakire, Bettelmönche symbolisieren in Wirklichkeit jene Inkarnationen, die aus eigener Wahl statt aus Notwendigkeit unerfreulich sind (weil sie eine Bestrafung darstellen), wobei sie glauben, sie könnten vermöge dieser Methode weiterem Übel entgehen, von da opfern sie ihre vergangenen Handlungen und verehren sie wie Götter.

Illustration: »Mann« symbolisiert durch die willkürliche Metho-

de könnte sein  oder irgendetwas anderes.

Diese Methode ist absolut fiktiv und dient keinem Zweck, außer daß man sich hinsichtlich der Erinnerung anstrengen muß, aber schließlich entfaltet sie im Einfachwerden eine wahre Darstellung dessen, was symbolisiert ist, da die Wirtschaftlichkeit eine Nutzbarmachung erzwingt. Es wird

 zu  dann  .

Vermöge der anderen Methode, d.h. der puren und wahren bildlichen Darstellung, wird »Mann« symbolisiert als

 oder einfacher   

oder wäre rein phallisch   oder  .

So kommen schließlich beide Methoden in der Ausführung zum gleichen Symbol; wobei die eine eine Zeitfrage impliziert, bevor sie irgendeinen Nutzen aufweist. Um etwas Abstraktes zu symbolisieren, wie z.B. »Leidenschaften werden am besten kontrolliert durch Unschuld (Nicht-Widerstand)«, suchen wir nach einer allgemein gebilligten Analogie; das heißt, »Leidenschaften« könnten durch einen »Tiger« dargestellt werden, »Unschuld« durch ein kleines Kind. Also fertigen wir uns das Symbol eines kleinen Kindes mit einem Tiger an. Vermöge dieses einfachen Schlüssels gibt es keinen traditionellen Symbolismus, der seinen Namen verdient, welcher nicht gelesen werden könnte, oder mit vorhandenem Wissen ausgedrückt. Ferner kann vermöge der Kraft des Symbolismus die Vorstellungskraft anderer angeregt werden, so daß sie ihre eigene Weisheit entfalten, solange sie nur nach einfachen Richtlinien arbeiten. Die Grundlage allen Symbolismus (das heißt, des unwillkürlichen) ist der Ausdruck unbewußten Wissens, das dann je nach Bedarf ausgebeutet wird oder nicht. Die Ägypter beispielsweise waren eine unbewußte Rasse, eine künstlerische im Gegensatz zu unserer wissenschaftlichen. Für sie war der Darwinismus keine neue Theorie, sie waren bereits im Besitz des »lebendigen« Wissens, daß der Mensch sich aus den Tieren entwickelt hat, aus den niederen Formen des Lebens. Sie symbolisierten dieses Wissen in dem einen großen Symbol der Sphinx (von da seine große Bedeutung), das bildlich darstellt, wie sich der Mensch aus der tierhaften Existenz herausentwickelt hat. Ihre zahlreichen Götter, alle zu einem Teil Tier, Vogel, Fisch, etc., etc., beweisen die Vollständigkeit dieses Wissens, aber es gab für sie keine Notwendigkeit, es fortzuführen, wie wir es tun, sie wußten alles, was für sie von grundlegender Bedeutung war. Die Kosmogonie ihrer Götter ist der Beweis ihrer Kenntnis der Ordnung der Evolution, deren Vielfältigkeit sich aus dem einen einfachen Organismus entwickelt hat. Das gleiche gilt für ihre Kenntnis der Theorie der Planetenbewegungen, der Atomtheorie, etc., etc. In der Tat umfaßt ihre einfache Basis all die Möglichkeiten unserer Wissenschaft. Sie wußten darum, daß sie noch immer die rudimentären Gaben aller Existenzen besaßen und hatten diese teilweise unter ihrer Kontrolle. So wurden ihre vergangenen Karmas zu Göttern, zu guten und bösen Kräften, die versöhnt werden mußten: daraus leitet sich alle moralische Doktrin, etc., ab. So haben alle Götter (da sie wir selbst sind) auf der Erde gelebt, ihre Erfahrung oder ihr Karma beherrschen in gewissem Ausmaß unsere Handlungen: in eben jenem Ausmaß sind wir dem Willen dieser Götter unterworfen. Dies erklärt den Schicksalsglauben. Dies ist der Schlüssel zu dem Mysterium der Sphinx.

* * * * * * * * * *

Die Kunst sorgt für all das Material, das die Wissenschaft ausbeutet. Die Formel folgt der Inspiration nach.

Abb. 22: Ekstase aus einem Vogelkarma

Automatisches Zeichnen als Werkzeug für die Kunst

Kunst als »Muß-nicht-sein« - Die Lebendige Religion.

Die Tugend der Kunst besteht darin, daß sie sich im Widerspruch zu (jeglichem Gesetz) der Wissenschaft äußern kann. Um Kunst zu sein, braucht sie nicht im wissenschaftlichen Sinne wahr zu sein. Sie vermittelt, daß Komposition, Ausgewogenheit oder Proportion mit jedem Prinzip oder jeder Überzeichnung erreicht werden können, weist so in Form einer Vorsätzlichkeit, die implizit bereits vorhanden ist, auf die Freiheit hin.

Solltest du meinen, ein gewisses Prinzip sei schlechte Kunst (oder Komposition, Farbe, etc.), so wäre dies schlicht die Gelegenheit für Originalität, und du könntest wunderbare Kunst erschaffen, indem du dir nur das angeprangerte oder schlechte Prinzip zunutze machst.

Das einzige Gesetz der Kunst ist ihre eigene Spontanität. Ihre Vergnüglichkeit und Freiheit. Wie mystisch, rein und einfach ihr Wunsch; sie hat keine Vorstellung von einer potentiellen Göttlichkeit! Ausschmückung ist ihr Glaubensbekenntnis und lebendige Allegorie ihr Glaube. Da sie die »Freie Moral« darstellt, ist sie frei von Sünde - alsdann ist die Kunst »alles«, was wir ohne Rechtfertigung auszudrücken auf uns nehmen. In diesem Sinne ist das, was nicht Kunst ist, Wissenschaft oder eine moralische Photographie.

Da es sich bei (Wahrer) Kunst um Inspiration handelt, ist es die Formel der Wissenschaft, die hier nicht zugelassen wird.

Die Kunst ist suggestiv, ist somit das beste Medium, um Weisheit zu vermitteln - ihre bloße Andeutung läßt an Freiheit denken. Die Kunst ist jene Schönheit, die aus allem geboren werden kann, nur nicht aus einer formelhaften Ausgewogenheit oder Proportion der Schönheit selbst. Häßlichkeit ist das, was die Formel nicht zuläßt: von da gibt es niemals Schönheit ohne jene Häßlichkeit, die durch deren eigene Überreichlichkeit transmutiert wird.

Die Kunst ist das instinktive Anwenden (auf Beobachtungen oder Sinneswahrnehmungen) des Wissens, das im Unbewußten schlummert.

Schlechte Kunst (durch und durch schwach, beispielsweise in der Komposition, etc.) entsteht, wenn ein Gesetz, eine Norm oder ein Manierismus (immer etwas Angelerntes) keine Spontanität zuläßt (indem die notwendige Achtlosigkeit unberücksichtigt bleibt). Die Kunst allein ist ewige Weisheit; was nicht Kunst ist, vergeht schnell. Die Kunst ist die unbewußte Liebe für *alle* Dinge. Das Lernen wird eingestellt und die Wirklichkeit bekannt sein, wenn wir soweit sind, daß jeder Mensch ein Künstler ist.

Automatisches Zeichnen.

Automatisches Zeichnen ist ein lebendiges Werkzeug, um das auszudrücken, was sich auf der Rückseite deines Gemütes befindet (der Traum-Mensch[48]), und es ist ein schnelles und leichtes Werkzeug, um einen Anfang damit zu machen, auf beherzte Weise ursprünglich zu sein - schließlich entwickelt es sich von selbst zu jenem heiß begehrten, spontanen Ausdruck, und die sichere Allwissenheit ist garantiert.

Automatisches Zeichnen erlernt man durch die vereinfachte Sigil-Formel (zuerst mache das Verlangen zu zeichnen organisch),

48 Die Bewohner der Schwelle des Unbewußten. In ihrem Leiden buchstäblich das Schuldbewußtsein oder die lebendige Moral. Von da ist alles automatische Zeichnen zu Anfang sentimental oder morbide: Eine entsprechende Plausibilität darf nicht gefürchtet werden, denn sonst drückst du nichts aus als dein eigenes Mißvergnügen.

und es ist das Werkzeug, um unbewußte Aktivität bildlich ausgedrückt zu bekommen: Es ist das einfachste der übersinnlichen Phänomene. Die Hand muß entgegen der gewohnten Praxis darauf trainiert werden, frei und aus sich selbst heraus zu arbeiten. Übung schafft dann diese und andere einfache Formen, schnell und kontinuierlich:

Man übt dies in einer Vielfalt von Ausrichtungen und Formen, bis man dies ohne bewußte Führung vollendet beherrscht. Dann gestatte es der Hand, aus sich selbst heraus mit der kleinstmöglichen Bedachtheit zu zeichnen, d.h. zu kritzeln[49].

Schließlich entfaltet das Kritzeln Form, Stil und Inhalt. Wenn sich das Gemüt im Zustand des Vergessens befindet, ist der Erfolg garantiert. Im Lichte eines Mondstrahles auf den Daumen zu starren, bis er opalisierend wird und wie eine fantastische Reflektion deiner selbst anmutet, ist ein Werkzeug für große Perfektion, und außergewöhnliche Ergebnisse werden erzielt.

Die Zeichnungen sind symbolisch in ihrer Bedeutung oder Weisheit. Um zu bestimmen, was du zeichnen willst, beispielsweise ein besonderes Karma oder dein Bild von einem Pferd, fertige ein solches Sigil an und halte es in deinem Gemüt fest.

49 Eine fortlaufende Linie stellt eine Entwicklung dar, die vor ihrer Rückkehr zum Ursprung flüchtet, wobei ein fortlaufender Rückblick neue Bewegungen suggeriert, z.B. tänzerische.

Nicht die Rebellion der Kindheit gegenüber dem Lernen, manifestiert als ein Mantra oder taumelnder Strudel.

Durch dieses Werkzeug können alle vergangenen Inkarnationen ausgedrückt werden, alle Schöpfungen können betrachtet werden, ohne sich von der Stelle zu bewegen.

Automatische Zeichnungen sind außerdem das Werkzeug des symbolischen Visualisierens der Sinneswahrnehmung, die meisten in diesem Buch sind solcherart, und auch mein erster Versuch (um 1900).

Ferner sind sie das Werkzeug, um die endgültige Reaktion, aus vergangenen Handlungen abgeleitet, zu benennen (weiszusagen). (Kapitel über Omen, Weissagungen und Prophetie ausgelassen.)

Das Automatische Zeichnen ist eine Heilmethode für Wahnsinn, weil es das verletzte Empfinden entblößt und dadurch dem Bewußtsein zu erkennen gestattet, was die Besessenheit ausmacht, und somit setzt der Verstand (Kontrolle) erneut ein.

Anmerkung zu den Heiligen Buchstaben

Heilige Buchstaben bewahren den Glauben aus dem Ego, so daß der Glaube wieder und wieder in das Unbewußte zurückkehrt, bis seine Fülle den Widerstand bricht. Seinem Inhalt fehlt das Erkenntnisvermögen, er wird aber durch Empfindung verstanden.

Jeder Buchstabe in seinem bildlichen Aspekt bezieht sich auf ein Sex-Prinzip und dessen Modifikationen als Vollkommenheit.

Zweiundzwanzig an der Zahl entsprechen sie einer ersten Ursache. Ein jeder ist analog zu einer Vorstellung von sinnlichem Vergnügen, und sie stellen eine symbolische Kosmogonie dar. Somit ist der dritte Buchstabe dieser:  Das dualistische Prinzip oder die Vorstellungskraft.

Durch die Kenntnis des ersten Buchstabens ist man mit dem ganzen Alphabet vertraut, ferner mit den tausenden, die sie implizieren. Sie sind das Wissen um das Verlangen. Denn sie umfassen ein positives System der Sprache, das einen einfachen, widerspruchslosen Ausdruck gestattet, und ein Erfassen von schwierigen und komplexen Prinzipien; von Ideen, die sich im Augenblick der Faßbarkeit entziehen.

Über mich selbst

Stellen wir uns vor, du hast kein Lebenszeichen gegeben. Darin, dich zu behaupten, sich abzumühen, Wert zu erschaffen, ist nichts, was der Erhaltung wert wäre, nichts Befriedigendes; die Erkenntnis deiner Hemmung ist alles? Durch Selbst-Tilgung würde die Wirklichkeit zum Vorschein kommen. Dieses Selbst, wie leer! wie erfindungsreich in Anbetracht seiner Unvollkommenheit! In Selbst-Verleugnung seine Stimulation, um die Wirklichkeit zu stimulieren... mehr und mehr kommt heraus - diese widerlichen Nebel der Illusion sind elterlicherseits die Ursache für den Haß des Himmels! Dies ist, weshalb ich mich davor fürchte, an Gott zu glauben, an die Unterwerfung unter ein Attribut, ein Bild vom Selbst bedeutet keine Befreiung der Liebe! Wahrscheinlich Allmächtig ist er, der sich des Bildes von Gott nicht bewußt ist. Nun möge die Wildheit meiner Einheit »Dein« Schweigen sein und für mich nicht länger eine Unklarheit oder Anstrengung, für meinen Zweifel einzutreten. Gleichwohl, die Menschheit zweifelt auf ewig, macht Ausflüchte und bezahlt für jedes Vergnügen, bis er Millionär ist: die Bestrafung soll dem geschätzten Maß seiner Kapitalbildung entsprechen, jene Angst gibt es! Der Reiche im Unrat, um sein Schuldbewußtsein zu prellen, heuchelt Demut, spricht von sich als »arm«, von seinen Besitztümern als »Bürden«, oder von »geringem Gewinn«! Von welchem Trost ist die Wahrheit am Tage des ermüdenden Wachens und Beobachtens, des ruhelosen Strebens, der Einkerkerung, der Streckbank, der Schrecken jeder vorstellbaren Folter? Wenn er sich daran gewöhnt hat, den Wirklichkeitssinn verliert und nicht länger abgeschreckt ist, wird er dann Gott und alles Elend erneut erschaffen? O, Torheit der Welt, verleugne deine Gläubigkeit, entsage diesem Gott mit seinem blutigen Szepter, und bekenne. Die Vervollkommnung der Torheit ist der Anfang der Kindheit, Wissen aber hat keine Ende. Es war jenes Abschweifen, das den direkten Weg fand. Von Kindheit an habe ich niemals meine eigene unbesiegbare Absicht verleugnet. O, schweigender Wächter, du schlafloses Auge des Universums, wache über den Anfang all meiner Vorstellungen. Die Misere der Welt mag ewig scheinen, während ich mitten darin einem kleinen Kinde gleich, das noch nicht lächelt, undurchdringlich in meiner Reinheit (der Selbst-Liebe) bin - aber ich traue mich nicht, ihre Dienste in Anspruch zu nehmen. Ewig mangelt es mir an Erkenntnis, so arm wie ich bin, liegt meine Genügsamkeit jenseits deines Verständnisses. Als Opportunist fürchte ich mich, ein Argument zu vertreten, oder mich bloßzustellen, indem ich meinen eigenen Lehren als solchen Glauben schenke... mögen sie auf ewig ihre eigene Reinigung sein! In der Furcht vor dem Wissen soll mein Glaube dessen Entleerung sein, ja, Unwissenheit! Meiner Tollkühnheit entsprechend, an Religionen, Doktrinen, Glaubensbekenntnisse zu glauben, so werde ich das Juwel der Wahrheit halten. So vorsichtig bin ich, verleugne zugleich, was ich behaupte, und halte mich streng an die »Nicht-Notwendigkeit«, indem das Paradoxe aufgehoben wird, ohne Vorbedingung, spontan wende ich mich zurück zum Absoluten, beobachte meine Berauschung und kontrolliere die Reaktion des Karma. Wie einfach ist der Weg, man könnte meinen, nichts müßte gesagt werden außer allem Ungesagten. Mögen meine Worte wenige und einprägsam sein! Leider hat die Vergeblichkeit der Vorstellung von Gott noch nicht ihre Grenze erreicht, alle Menschen sind Lügner, scheinen nach dem Wahnsinn als deren Höhepunkt zu streben: während ich allein, frühzeitig gealtert, der Verstand auf seinem Throne schwankend, gesund bleibe, in positiver Keuschheit, mich keiner Schuld bekennend, keiner Moral - eine Jungfrau in der Ungeteiltheit der Absicht.

Literaturverzeichnis

1. Grant, K.: Images and Oracles of Austin Osman Spare, F. Muller Ltd., London, 1975
2. Duerr, H.P.: Traumzeit - Über die Grenze zwischen Wildnis Zivilisation, Ed. Suhrkamp 345, 1985
3. Crowley, A.: The Equinox, Vol. I, No. 2, 1909 - 1913
4. Jungkurth, M.: Zos Kia - der Magier Austin Osman Spare und die Magie des Voodoo, Ed. Stein der Weisen, 1985
5. Grant, K.: The Magical Revival, F. Muller Ltd., London, 1972
6. Grant, K.: Cults of the Shadow, S. Weiser, New York, 1976
7. Lovecraft, H.P.: Lesebuch, Suhrkamp Taschenbuch 1306, 1987
8. Spare, A.O.: The Focus of Life, Privatdruck, 192

Rosemarie Michel

Anregende und erholsame Sonnen-Momente für Pflegebedürftige
Auf spielerische Art der altersbedingten Lethargie entgehen